國中幾何證明大全

簡廷豐 著

獻給

第一次教八年級數學時，那群認真的學生們。

再序

　　在出版兩年之後，即將迎來新課綱的課程變革，加上許多教育界、學術界朋友的支持與鼓勵，我便又興起修改而再版的念頭。

　　這次的國中數學課綱中，弱化了許多內容，尤其在圓的部分，諸如兩圓關係、公切線段、圓外角與弦切角、圓冪性質等，目的是為了減低學生的負擔。隨著課綱改變，這本書有兩種可能的走向：一是配合課綱修改，將國中教育會考不會考的內容刪除；二是保持原本的內容，提供給想進階學習的學生──我選擇了後者。

　　這本書在這兩年間，或許更常被當作是考試用書，然而為了考試而促成學習，實在不是我想要作的事。因此，我不但沒有刪除不考的內容，反而依照課綱增加三角比、立體幾何等概念，更安插一些著名的平面幾何定理。我希望能用最短的篇幅，完整保存古典幾何中那些重要的知識，使之能夠隨時代不滅地傳承。

　　其中一個著名的平面幾何定理就是蝴蝶定理，我首次學到這個定理時，沒來得及停下來欣賞它，直到自己畫了圖後，才領略到這浪漫的瞬間。如果有個學生學會一個定理，他的老師便給他一枚硬幣，不久那名學生便會拿著一枚硬幣，希望老師多教他一個定理。學習的樂趣，希望讀者也能同樣體會。

　　在出版後的這兩年內，受到教育界、學術界前輩、同儕支持與鼓勵，在此恕不一一辭謝，所謂得之於人者太多，不如就謝天吧！

作者　簡廷豐

寫於 2019 年 4 月

新序

　　這本薄書在寫完之後，被擱置了四年，一直覺得可能會有些地方不夠好，想修改而不斷延宕。直到新課綱要發展各校多元選修，想起這本書或許可以作為參考教材：一則可以讓高中生在學習三角、坐標、向量幾何之前當成複習、銜接，二則可以作為國中資優數學的選讀，才興起讓這本書出版的念頭。

　　原先不敢出版是因為經常看到可以修改的地方，現在覺得或許出版後才能有機會加入讀者的意見，而讓這本書能變得更全面，我也能因此進步。因此希望讀者在閱讀時，如果發現有錯誤，請不吝來信指教；而如果覺得這本書有一點好的地方，請多推薦給周遭適合閱讀此書的人。

　　高中生、國中生閱讀歐幾里得的《幾何原本》，可能會覺得略失趣味，然而其中公理化之精神實在值得中學生學習，本書希望將這個精神以國中古典幾何的方式呈現出來。另一方面，學生在學習幾何時可能會遇到一個困難：當性質、定理增多時，就變得不知道其中的證明是如何而來的，本書也提供類似字典的功能，讓初學或複習古典幾何者，在學習過程中查閱，有依可循而不至於迷失。

　　藉由本書的出版，我想感謝臺大數學系張海潮教授在我的教學上給予許多指導，同時謝謝諸多在職前輩、同儕提供關於本書的建議，也謝謝讀者你購買了這本書……什麼？你還沒買？如果這本書還不是你的，那趕快買一本！找個安靜的地方，盡情地徜徉在幾何的大海裡吧！

作者　簡廷豐

寫於 2017 年 6 月

原序

在教學時，往往有很多覺得很有趣的事情，因為考量課堂時間都無法提到，而這些內容又都是邏輯性很強的事情，無法很快速地講得清楚。於是我就有一個構想，總有一天我一定要把那些很有趣、但是有一點點困難的數學概念寫下來，讓有興趣的學生自行延伸閱讀。當然，對國中生這是一本困難的書，在字裡行間有時需要多思考來龍去脈，不過相信讀過幾遍之後連自己也會感受到之間的奧妙！

我發現現今的國中數學教學是透過剪紙方式說明三角形內角和，從「三角形的內角和為180°」出發來討論平行的性質，而所謂的平行也被化簡成較為容易理解的「與一條直線皆垂直的兩相異直線是平行線」。在寫這本書時，我想忠於歐幾里得幾何的第五公設：「兩直線被一條直線所截，則會在內角之和小於180°的那一側相交。」對於平行線，我們會在第三章討論更多相關內容。

在教學過程中，我覺得我就像是一隻飛得很高的老鷹，數學的森林裡有什麼樣的小花小草我看得清楚，我所要帶給學生的就是在這片森林裡的冒險。我一直覺得學習國中幾何就像是一場探險，而我能做的就是不要讓第一次嘗試探險的冒險家迷路、害怕、放棄找尋森林裡的有趣的花花草草。

在本書中，我挑選覺得比較重要的命題之後，算算發現共計剛好有100個命題！在命題之後，使用 □ 代表證明完畢的意思、■ 代表作圖完畢的意思。藉由本書，我想特別感謝我的國中數學老師梁東志老師，也感謝在教育實習與初任代理教師時照顧我許多的屠瓊華老師，也謝謝讀者你翻開了這本書，因為如此，故事才會開始……

作者 簡廷豐

寫於 2013 年 6 月

先備知識

一、乘法公式

1. 和的平方： $(a+b)^2 = a^2 + 2ab + b^2$

2. 差的平方： $(a-b)^2 = a^2 - 2ab + b^2$

3. 平方差： $a^2 - b^2 = (a-b)(a+b)$

二、多邊形的定義

1. 正方形：四邊等長且四角相等的四邊形

2. 菱形：四邊等長的四邊形

3. 矩形：四角相等的四邊形

4. 梯形：恰有一組對邊平行的四邊形

5. 平行四邊形：兩組對邊分別平行的四邊形 [註1]

6. 等腰三角形：有兩個邊等長的三角形

三、面積

1. 矩形的面積 ＝ 長 × 寬 [註2]

2. 平行四邊形的面積 ＝ 底 × 高

3. 三角形的面積 ＝ 底 × 高 ／2

註 1：歐幾里得在《幾何原本》中未明確定義平行四邊形。

註 2：畢達哥拉斯學派只承認邊長是有理數才能討論面積，事實上他們還因為畢氏定理能夠造出無理數而感到惶恐，在 1.1.1. 畢達哥拉斯定理 的證明中運用面積證明，證出的定理卻構造出當時不能定義面積的無理數邊長，畢氏定理於是自己否定了自己。所以後來的歐幾里得改使用相似形來證明畢氏定理，進而確立了無理數存在並不會影響畢氏定理，從而將無理數加入「數」中。

目錄

第一章

基礎

第一節　　畢達哥拉斯定理

1.1.1. 畢達哥拉斯定理

命題：直角三角形的兩股平方和等於斜邊的平方

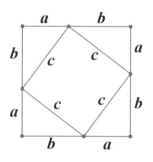

證明：

設直角三角形 ABC 中，$\angle C = 90^{\circ}$。

設 $\angle A$、$\angle B$、$\angle C$ 的對邊分別為 a, b, c。

將四個 $\triangle ABC$ 配置如右所示，

考慮大正方形面積，可得

$$\text{大正方形面積} = 4 \times \triangle ABC + \text{小正方形面積}$$

$$(a+b)^2 = 4 \times \frac{1}{2}ab + c^2$$

展開兩邊得　$a^2 + 2ab + b^2 = 2ab + c^2$

於是　$a^2 + b^2 = c^2$　即兩股平方和等於斜邊的平方　　□

1.1.2. 距離公式

命題：設 $A(x_1, y_1), B(x_2, y_2)$ 在坐標平面上，則

$$\overline{AB} = \sqrt{(x_1 - x_2)^2 + (y_1 - y_2)^2}$$

證明：

設 $C(x_2, y_1)$，則 $\triangle ABC$ 為一直角三角形

由 1.1.1. 畢達哥拉斯定理可得

$$\overline{AB}^2 = \overline{AC}^2 + \overline{BC}^2$$

即　$\overline{AB}^2 = |x_1 - x_2|^2 + |y_1 - y_2|^2$

於是　$\overline{AB} = \sqrt{(x_1 - x_2)^2 + (y_1 - y_2)^2}$

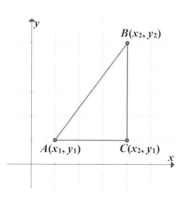

第二節　尺規作圖

<u>1.2.1. 作等線段</u>

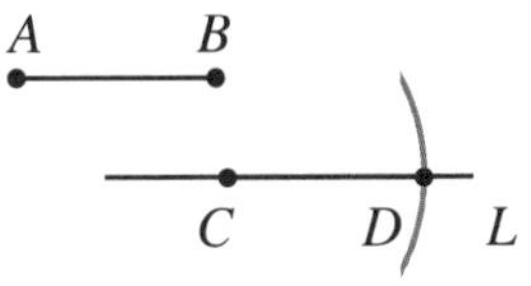

命題：已知 $\overline{AB}$，作一線段長等於 $\overline{AB}$

作法：

1. 作直線 L 並在 L 上任取一點 C。

2. 以 C 為圓心，$\overline{AB}$ 為半徑畫弧，交 L 於 D。則 $\overline{CD}$ 即為所求。　■

<u>1.2.2. 作等角</u>

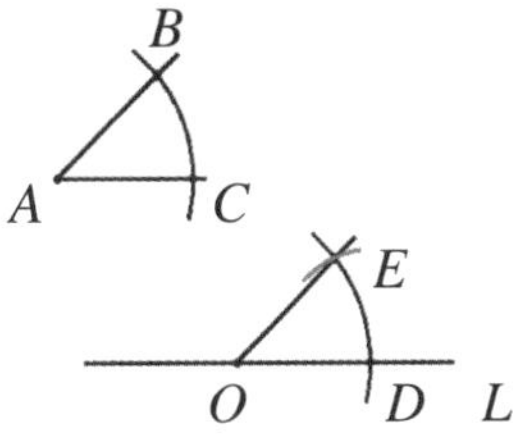

命題：已知 $\angle A$，求作一角等於 $\angle A$

作法：

1. 作直線 L 並在 L 上任取一點 O。

2. 以 A 為圓心，適當長為半徑畫弧，交兩邊於 B、C。

3. 以 O 為圓心，$\overline{AB}$ 為半徑畫弧，交 L 於 D。

4. 以 D 為圓心，$\overline{BC}$ 為半徑畫弧，交前弧於 E。則 $\angle EOD$ 即為所求。　■

<u>1.2.3. 兩等分一線段(中垂線作圖)</u>

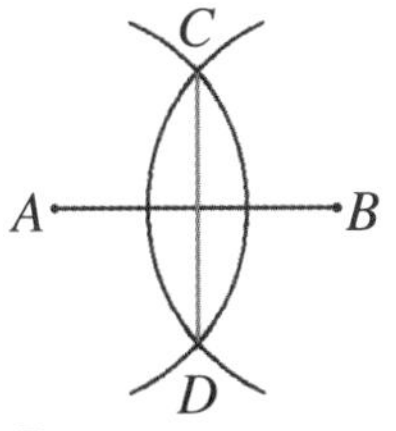

命題：已知 $\overline{AB}$，求作 $\overline{AB}$ 的中垂線

作法：

1. 以 A、B 分別為圓心，大於 $\frac{1}{2}\overline{AB}$ 為半徑作弧，交於 C、D。

2. 作 $\overleftrightarrow{CD}$，則 $\overleftrightarrow{CD}$ 即為所求。　■

1.2.4. 兩等分一個角(角平分線作圖)

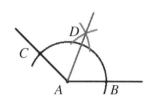

命題：已知 $\angle A$，求作 $\angle A$ 的角平分線

作法：

1. 以 A 為圓心，適當長為半徑作弧，交兩邊於 B、C。

2. 以 B、C 分別為圓心，大於 $\frac{1}{2}\overline{BC}$ 為半徑作弧，交於 D。

3. 作 $\overrightarrow{AD}$，則 $\overrightarrow{AD}$ 即為所求。 ∎

1.2.5. 過線上一點作垂直線

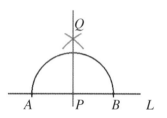

命題：已知直線 L、L 上一點 P，過 P 作 L 的垂直線

作法：

1. 以 P 為圓心，適當長為半徑作弧，交 L 於 A、B。

2. 以 A、B 分別為圓心，大於 $\frac{1}{2}\overline{AB}$ 為半徑作弧，兩弧交於 Q。

3. 作 $\overleftrightarrow{PQ}$，則 $\overleftrightarrow{PQ}$ 即為所求。 ∎

1.2.6. 過線外一點作垂直線

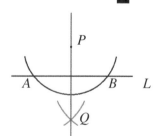

命題：已知直線 L、L 外一點 P，過 P 作 L 的垂直線

作法：

1. 以 P 為圓心，大於 P 到 L 的距離為半徑作弧，交 L 於 A、B。

2. 以 A、B 分別為圓心，大於 $\frac{1}{2}\overline{AB}$ 為半徑作弧，兩弧交於 Q。

3. 作 $\overleftrightarrow{PQ}$，則 $\overleftrightarrow{PQ}$ 即為所求。 ∎

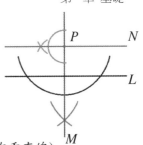

1.2.7. 過線外一點作平行線

命題：已知直線 L、L 外一點 P，過 P 作 L 的平行線

作法：

1. 過線外一點 P 作 L 的垂直線 M。(1.2.6. 過線外一點作垂直線)

2. 過線上一點 P 作 M 的垂直線 N。(1.2.5. 過線上一點作垂直線)

   則 N 即為所求。

第三節　全等性質

在本節中所要探討全等性質。我們說兩個三角形全等若且唯若可以透過旋轉、翻轉、平移將它們完全重疊，也就是滿足對應邊相等且對應角相等，並以 $\cong$ 記號之。

1.3.1. 三邊(SSS)

命題：給定三角形的三邊，可以決定唯一三角形

範例：若在 $\triangle ABC$ 和 $\triangle DEF$ 中，

$\overline{AB} = \overline{DE}$、$\overline{BC} = \overline{EF}$、$\overline{CA} = \overline{FD}$

則 $\triangle ABC \cong \triangle DEF$

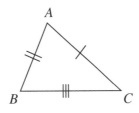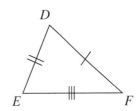

1.3.2. 兩邊夾一角(SAS)

命題：給定三角形的兩邊與一夾角，可以決定唯一三角形

範例：若在 $\triangle ABC$ 和 $\triangle DEF$ 中，

$\overline{AB} = \overline{DE}$、$\overline{AC} = \overline{DF}$、$\angle A = \angle D$

則 $\triangle ABC \cong \triangle DEF$

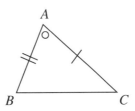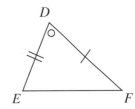

1.3.3. 兩角夾一邊(ASA)

命題：給定三角形的兩角與一夾邊，可以決定唯一三角形

範例：若在△ABC 和△DEF 中，

$\angle A = \angle D$、$\angle B = \angle E$、$\overline{AB} = \overline{DE}$

則△ABC≅△DEF

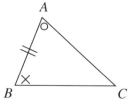
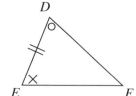

1.3.4. 兩角與其側邊(AAS)

命題：給定三角形的兩角與另一非夾邊，可以決定唯一三角形

範例：若在△ABC 和△DEF 中，

$\angle A = \angle D$、$\angle B = \angle E$、$\overline{BC} = \overline{EF}$

則△ABC≅△DEF

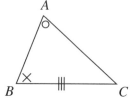
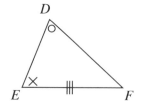

1.3.5. 直角、斜邊、股(RHS)

命題：給定直角三角形斜邊與一股，可以決定唯一三角形

範例：若在△ABC 和△DEF 中，

$\angle C = \angle F = 90º$、$\overline{AB} = \overline{DE}$、$\overline{BC} = \overline{EF}$

則△ABC≅△DEF

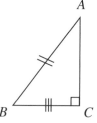
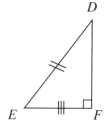

上面的五個全等性質：SSS, SAS, ASA, AAS, RHS 告訴我們只要有部分條件，它們便是全等三角形。透過找到部分條件，便可發現兩個三角形全等，於是對應邊相等且對應角相等，可以推導出線段等長、夾角相等，對之後章節的證明非常有幫助。

第二章

三角形的性質

第一節　內角與外角

本節中會先運用到第三章的命題，在第三章中，以公設證明 <u>3.1.3.</u> 後，再依此證明 <u>3.1.1.</u> 與 <u>3.1.2.</u>，隨後利用這兩個命題證明下面的 <u>2.1.1.</u>。

<u>2.1.1.</u> 三角形的內角和

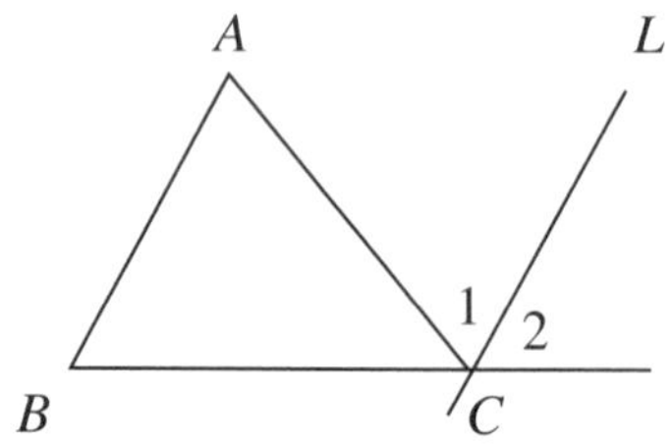

命題：三角形的內角和為 $180°$

敘述：在 $\triangle ABC$ 中，$\angle A + \angle B + \angle C = 180°$。

證明：

延長 $\overline{BC}$、過 C 作 $L \parallel \overline{AB}$ 如右圖所示，

則 $\angle 1 = \angle A$（<u>3.1.2.</u>，內錯角相等）、$\angle 2 = \angle B$（<u>3.1.1.</u>，同位角相等），

又 $\angle C$、$\angle 1$、$\angle 2$ 構成一平角為 $180°$，

於是 $\angle A + \angle B + \angle C = \angle 1 + \angle 2 + \angle C = 180°$　　　□

<u>2.1.2.</u> 多邊形的內角和

命題：設 $n \geq 3$，則 n 邊形的內角和為 $180°\,(n-2)$

證明：

這個證明我們使用演繹邏輯來完成，是指如果 $n = 3$ 成立，而且 $n = k$ 成立那 $n = k + 1$ 就會成立的話，那對於所有 $n \geq 3$ 這個命題都會成立。

當 $n = 3$ 時，由 <u>2.1.1.</u> 知三角形內角和為 $180° = 180°\,(3-2)$。

設 $n = k$ 時，命題成立：k 邊形的內角和為 $180°\,(k-2)$；

當 $n = k + 1$ 時，在 $(k+1)$-邊形 $A_1 A_2 \dots A_k A_{k+1}$ 中，作 $\overline{A_1 A_k}$

則 $(k+1)$-邊形內角和 $= k$ 邊形 $A_1 A_2 \dots A_k$ 內角和 $+ \triangle A_1 A_k A_{k+1}$ 內角和

$= 180°\,(k-2) + 180° = 180°\,[(k+1)-2] = 180°\,[n-2]$

由<u>數學歸納法</u>得證　　　□

這類的演繹證明方式稱為數學歸納法,使用時會在最後註明,以利他人了解證明邏輯。特別地,可以得出正 n 邊形的一個內角為 $180º(n-2)/n$。

2.1.3. 外角定理

命題:三角形的外角等於兩個內對角之和

敘述:在△ABC 中,∠C 的外角 $=∠A+∠B$

證明:

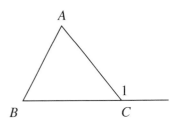

設 ∠1 為 ∠C 的外角,於是 $∠1 = 180º - ∠C$

由 2.1.1.有 $∠A + ∠B = 180º - ∠C$

綜合上述兩者,得到 $∠1 = ∠A + ∠B$　　　　□

2.1.4. 多邊形的外角和

命題:設 $n ≥ 3$,則 n 邊形的外角和為 $360º$

證明:

由於對於任意角,都有外角 $= 180º -$ 內角

由 2.1.2.可知 內角和 $= 180º(n-2)$

於是外角和 $= 180º n -$ 內角和 $= 180º n - 180º(n-2) = 360º$　　　□

2.1.5. 凹四邊形

命題:凹四邊形的凹角等於其餘三個內對角之和

敘述:如右圖,在四邊形 ABCD 中,∠D > 180º,

　　　則 $∠1 = ∠A + ∠B + ∠C$。

證明:

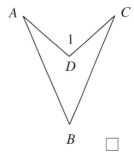

由 2.1.2.可知 $∠A + ∠B + ∠C = 360º - ∠D = ∠1$　　□

第二節　全等性質的應用

2.2.1. 等腰三角形底角性質

命題：等腰三角形的兩個底角相等

敘述：在△ABC 中，若 $\overline{AC} = \overline{BC}$，則 $\angle A = \angle B$。

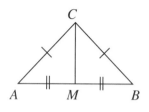

證明：

設 $\overline{AB}$ 的中點為 M，連接 $\overline{CM}$，在△AMC 與△BMC 中，

(1) $\overline{AM} = \overline{BM}$ 　　　　　(M 為 $\overline{AB}$ 的中點)

(2) $\overline{AC} = \overline{BC}$

(3) $\overline{CM} = \overline{CM}$ 　　　　　(公用邊)

所以　△AMC≅△BMC　　(SSS 全等性質)

於是　$\angle A = \angle B$　　　　(對應角相等)　　　　　□

2.2.2. 等腰三角形判別性質

命題：有兩個角相等的三角形為等腰三角形

敘述：在△ABC 中，若 $\angle A = \angle B$，則 $\overline{AC} = \overline{BC}$。

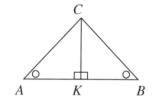

證明：

過 C 作 $\overline{AB}$ 的垂線交 $\overline{AB}$ 於 K，在△AKC 與△BKC 中，

(1) $\angle AKC = \angle BKC \,(= 90º)$　(K 為 C 在 $\overline{AB}$ 的垂足)

(2) $\angle A = \angle B$

(3) $\overline{CK} = \overline{CK}$　　　　　(公用邊)

所以　△AMC≅△BMC　　(AAS 全等性質)

於是　$\overline{AC} = \overline{BC}$　　　　(對應邊相等)　　　　□

2.2.3. 中垂線性質

命題：在線段**中垂線**上的任一點到線段兩端點的距離相等

敘述：設 $\overline{AB}$ 的中點為 M、中垂線為 L，若 P 在 L 上，則 $\overline{PA} = \overline{PB}$。

證明：

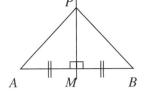

在 $\triangle AMP$ 與 $\triangle BMP$ 中，

(1) $\overline{AM} = \overline{BM}$ (M 為 $\overline{AB}$ 的中點)

(2) $\angle AMP = \angle BMP\ (= 90°)$ (L 為 $\overline{AB}$ 之中垂線)

(3) $\overline{PM} = \overline{PM}$ (公用邊)

所以 $\triangle AMP \cong \triangle BMP$ (SAS 全等性質)

於是 $\overline{PA} = \overline{PB}$ (對應邊相等)   □

2.2.4. 中垂線判別性質

命題：到線段兩端點的距離相等的點在線段**中垂線**上

敘述：設 $\overline{AB}$ 的中點為 M、中垂線為 L，若 $\overline{PA} = \overline{PB}$，則 P 在 L 上。

證明：

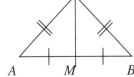

連接 $\overline{PM}$，僅需確認 $\angle AMP = \angle BMP = 90°$ 即可

在 $\triangle AMP$ 與 $\triangle BMP$ 中，

(1) $\overline{AM} = \overline{BM}$ (M 為 $\overline{AB}$ 的中點)

(2) $\overline{PA} = \overline{PB}$

(3) $\overline{PM} = \overline{PM}$ (公用邊)

所以 $\triangle AMP \cong \triangle BMP$ (SSS 全等性質)

於是 $\angle AMP = \angle BMP$ (對應角相等)

又 $\angle AMP + \angle BMP = 180°$，於是 $\angle AMP = \angle BMP = 90°$ □

2.2.5. 角平分線性質

命題：在**角平分線**上的任一點到角的兩側的距離相等

敘述：設 $\angle O$ 的角平分線為 L，若 P 在 L 上，

且 A、B 分別為 P 到兩側的垂足，則 $\overline{PA} = \overline{PB}$。

證明：

在 $\triangle OAP$ 與 $\triangle OBP$ 中，

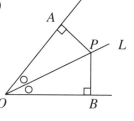

(1) $\angle AOP = \angle BOP$ (L 為 $\angle AOB$ 的角平分線)

(2) $\angle OAP = \angle OBP (= 90°)$ (A、B 為 P 的垂足)

(3) $\overline{OP} = \overline{OP}$ (公用邊)

所以 $\triangle OAP \cong \triangle OBP$ (AAS 全等性質)

於是 $\overline{PA} = \overline{PB}$ (對應邊相等)   □

2.2.6. 角平分線判別性質

命題：到角的兩側的距離相等的點在**角平分線**上

敘述：設 P 為平面上一點，且到 $\angle O$ 兩側的垂足分別為 A、B，

若 $\overline{PA} = \overline{PB}$，則 P 在 $\angle O$ 的角平分線上。

證明：

連 $\overline{PO}$，欲證 $\angle AOP = \angle BOP$。在 $\triangle OAP$ 與 $\triangle OBP$ 中，

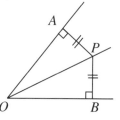

(1) $\angle OAP = \angle OBP (= 90°)$ (A、B 為 P 的垂足)

(2) $\overline{PA} = \overline{PB}$

(3) $\overline{OP} = \overline{OP}$ (公用邊)

所以 $\triangle OAP \cong \triangle OBP$ (RHS 全等性質)

於是 $\angle AOP = \angle BOP$ (對應角相等)   □

第三節　三角形的邊角關係

在下面 <u>2.3.1.</u>~ <u>2.3.6.</u> 的證明中，假設 $\angle A$、$\angle B$、$\angle C$ 的對邊分別為 a、b、c。

<u>2.3.1. 兩邊之和大於第三邊</u>

命題：三角形任意兩邊之和大於另外一邊

敘述：在 $\triangle ABC$ 中，$a+b>c$、$b+c>a$、$c+a>b$。

證明：

僅需證明 $a+b>c$，其餘同理。

設 C 在 $\overleftrightarrow{AB}$ 上的垂足為 K，

由 <u>1.1.1. 畢達哥拉斯定理</u>知

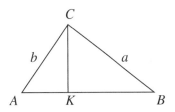

$$a=\sqrt{\overline{BK}^2+\overline{CK}^2}>\overline{BK} \qquad b=\sqrt{\overline{AK}^2+\overline{CK}^2}>\overline{AK}$$

結合兩者可得 $a+b>\overline{AK}+\overline{BK}\geq c$ □

此證明中圖示為銳角三角形，最後的 $\overline{AK}+\overline{BK}\geq c$ 實為 $\overline{AK}+\overline{BK}=c$。然而，還須考慮 $\angle A$ 為直角或鈍角的狀況，分別有 $\overline{AK}+\overline{BK}=c$ 和 $\overline{AK}+\overline{BK}>c$。因此，在證明中寫成 $\geq$，方能包含這三種狀況。

<u>2.3.2. 兩邊之差的絕對值小於第三邊</u>

命題：三角形任意兩邊之差的絕對值小於另外一邊

敘述：在 $\triangle ABC$ 中，$|a-b|<c$、$|b-c|<a$、$|c-a|<b$。

證明：

僅需證明 $|a-b|<c$，其餘同理。

由 <u>2.3.1.</u> 得 $b+c>a$ 與 $c+a>b$，移項可得 $c>a-b$ 與 $c>b-a$

不等號右邊之 $a-b$ 與 $b-a$ 恰一正一負或兩者皆為零，

c 大於其中之非負數，取絕對值即可，得 $c>|a-b|$ □

2.3.3. 大邊對大角

命題：三角形中，較大的邊所對應的內角亦較大

敘述：在△ABC 中，若 $a>b>c$，則 $\angle A>\angle B>\angle C$。

證明：

僅需證明若 $a>b$，則 $\angle A>\angle B$，其餘同理。

如右圖，在 $\overline{CB}$ 上找一點 D，使得 $\overline{CD}=\overline{CA}$

(1) 由 2.2.1. 等腰三角形底角性質知

$\angle CAD=\angle CDA$ $(\overline{CB}=\overline{CD})$

(2) $\angle A=\angle CAD+\angle DAB$

(3) $\angle B=\angle CDA-\angle DAB$ (2.1.3. 外角定理)

綜合 (1), (2), (3) 可得

$$\angle A=\angle CAD+\angle DAB=\angle CDA+\angle DAB>\angle CDA-\angle DAB=\angle B \qquad \square$$

2.3.4. 大角對大邊

命題：三角形中，內角較大所對應的邊亦較大

敘述：在△ABC 中，若 $\angle A>\angle B>\angle C$，則 $a>b>c$。

證明：

僅需證明若 $\angle A>\angle B$，則 $a>b$，其餘同理。

如右圖，在 $\overline{CB}$ 上找一點 D，使 $\angle DAB=\angle DBA$

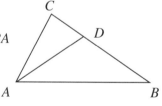

由 2.2.2. 等腰三角形判別性質知

$\overline{DA}=\overline{DB}$ $(\angle DBA=\angle DAB)$

由 2.3.1. 兩邊之和大於第三邊知

$\overline{BC}=\overline{DB}+\overline{DC}=\overline{DA}+\overline{DC}>\overline{AC}$ 即 $a>b$ $\qquad \square$

在 2.3.3.與 2.3.4.中的圖示為銳角三角形的狀況，直、鈍角三角形情況是相似的。

24

2.3.5. 三角形邊長比 30°-60°-90°

命題：直角三角形的內角為 30°-60°-90°，其對應邊長比依序為 $1:\sqrt{3}:2$

敘述：在 $\triangle ABC$ 中，若 $\angle A = 30°$、$\angle B = 60°$、$\angle C = 90°$，則 $a:b:c = 1:\sqrt{3}:2$。

證明：

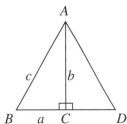

作正 $\triangle ABD$ 如右圖，設邊長 $c = 2k$

設 C 為 $\overline{BD}$ 上的垂足，$\angle C = 90°$

則由 2.2.2.的證明可知 $\triangle ABC \cong \triangle ADC$

於是，在 $\triangle ABC$ 中，$\angle A = 30°$，$\overline{BC} = \frac{1}{2}\overline{BD} = k$

由 2.1.1. 三角形的內角和 $\angle B = 180° - \angle A - \angle C = 60°$

由 1.1.1. 畢達哥拉斯定理 $b = \overline{AC} = \sqrt{\overline{AB}^2 - \overline{BC}^2} = \sqrt{(2k)^2 - k^2} = \sqrt{3}k$

在 $\triangle ABC$ 中，角度有 $\angle A = 30°$、$\angle B = 60°$、$\angle C = 90°$

且其邊長比為 $a:b:c = k:\sqrt{3}k:2k = 1:\sqrt{3}:2$　　　　$\square$

上圖中，若正 $\triangle ABD$ 的邊長為 a，則 $\overline{AC} = \frac{\sqrt{3}}{2}a$，從而可計算得其面積為 $\frac{\sqrt{3}}{4}a^2$。

2.3.6. 三角形邊長比 45°-45°-90°

命題：直角三角形的內角為 45°-45°-90°，其對應邊長比依序為 $1:1:\sqrt{2}$

敘述：在 $\triangle ABC$ 中，若 $\angle A = 45°$、$\angle B = 45°$、$\angle C = 90°$，則 $a:b:c = 1:1:\sqrt{2}$。

證明：

已知 $\angle A = 45°$、$\angle B = 45°$、$\angle C = 90°$，

設 $a = k$，因為 $\angle A = \angle B$，可由 2.2.2.知 $b = k$，

又因為 $\angle C = 90°$，由 1.1.1.知

$$c = \sqrt{a^2 + b^2} = \sqrt{k^2 + k^2} = \sqrt{2k^2} = \sqrt{2}k$$

於是 $a:b:c = k:k:\sqrt{2}k = 1:1:\sqrt{2}$　　　　$\square$

在 2.3.5. 和 2.3.6. 中，可透過 1.3.1. 知道給定邊長比，亦能回推其角度。

2.3.7. 樞紐定理

命題：兩邊長度固定，若兩邊的夾角愈大，則該夾角所對應的邊愈大

敘述：在△ABC 與△DEF 中，$\overline{AB} = \overline{DE}$、$\overline{AC} = \overline{DF}$，

若∠A > ∠D，則 $\overline{BC} > \overline{EF}$。

2.3.8. 逆樞紐定理

命題：兩邊長度固定，若兩邊夾角所對應的邊愈大，則該夾角愈大。

敘述：在△ABC 與△DEF 中，$\overline{AB} = \overline{DE}$、$\overline{AC} = \overline{DF}$，

若 $\overline{BC} > \overline{EF}$，則∠A > ∠D。

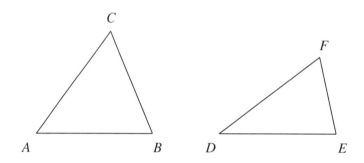

由於 2.3.7. 和 2.3.8. 的證明需要用到三角學的**餘弦定律**，故在此處證明從略。

在 2.3.3. 大邊對大角與 2.3.4. 大角對大邊，是在同三角形中討論，而上述的 2.3.7. 和 2.3.8. 則是在兩三角形之間比較。至此產生另外一個疑問，已經知道同個三角形中大邊對大角、大角對大邊，那麼邊角關係應如何表示呢？這便是第四章相似形，以及日後學習三角學與**正弦定律**的濫觴。

從本章開始，讀者應該會漸漸地感受到幾何證明中，定理之間互相引用的精神，也不難發現數學其實是門邏輯性、銜接性很強的學科。建議讀者如果對某一章的內容尚不熟悉，應反覆多讀幾次，待熟悉後再閱讀下一章。

第三章

平行與四邊形

第一節　平行線

定義　　・平行線：平面上兩不相交的直線

性質　　設平面上 L_1, L_2, L, M 為四條相異直線，且 $L_1 /\!/ L_2$，

　　　　1. 若 $M \perp L_1$，則 $M \perp L_2$　　　　　2. 若 $L /\!/ L_1$，則 $L /\!/ L_2$

在本節中的 <u>3.1.1.</u>到 <u>3.1.3.</u>採用兩套脈絡去講述同位角、內錯角、同側內角，而其中「證明」是忠於歐幾里得幾何的平行公設，從 <u>3.1.3.</u>出發來完成證明。而「說明」是現今教學脈絡，從三角形的內角和出發來論述。

然而，在 <u>2.1.1.</u>證明三角形的內角和時，採用內錯角相等的方式，因而若以「說明」取代「證明」將會產生循環論證的狀況：用甲證明乙、再用乙證明甲，其實可能甲、乙都是錯的。所謂證明是指透過公理化系統與邏輯推理來獲得的演繹知識，望讀者可藉由本章，多思考何謂「證明」。

3.1.1. 平行線性質：同位角相等

命題：若兩平行線被一直線所截，則同位角相等

敘述：設 $L_1 /\!/ L_2$ 被 M 所截，則同位角相等 $\angle 1 = \angle 2$。

證明：

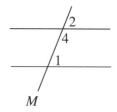

由 <u>3.1.3.</u>可知 $\angle 1 + \angle 4 = 180^\circ$，又 $\angle 2 + \angle 4 = 180^\circ$，

綜合兩者得到 $\angle 1 = \angle 2$　　　　　　　　　　　　　　　□

說明：

若已知三角形內角和是 180°，亦可證明 $\angle 1 = \angle 2$。

如右圖所示，作 $K \perp L_1$，於是 $K \perp L_2$

考慮兩個三角形的內角，知 $\angle 1 + \angle 7 = 90^\circ = \angle 2 + \angle 7$

於是 $\angle 1 = \angle 2$

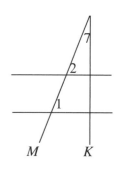

3.1.2. 平行線性質：內錯角相等

命題：若兩平行線被一直線所截，則內錯角相等

敘述：設 $L_1 /\!/ L_2$ 被 M 所截，則內錯角 $\angle 1 = \angle 3$。

證明：

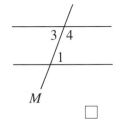

由 3.1.3.可知 $\angle 1 + \angle 4 = 180°$，又 $\angle 3 + \angle 4 = 180°$，

綜合兩者得到 $\angle 1 = 180° - \angle 4 = \angle 3$。 □

3.1.3. 平行線性質：同側內角互補

命題：若兩平行線被一直線所截，則同側內角互補

敘述：設 $L_1 /\!/ L_2$ 被 M 所截，則同側內角 $\angle 1 + \angle 4 = 180°$。

證明：

使用**反證法**，我們改證明：

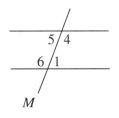

「若同側內角不互補，則兩直線不平行。」

由歐幾里得幾何第五公設

「兩直線會在內角之和小於 $180°$ 的那一側相交。」

由於 $\angle 1 + \angle 4 \neq 180°$，因此：

(1) $\angle 1 + \angle 4 < 180°$，即在右側相交於一點

(2) $\angle 1 + \angle 4 > 180°$，於是 $\angle 5 + \angle 6 < 180°$，在左側相交於一點

兩者都使得 L_1 與 L_2 相交，於是 L_1 不平行 L_2 □

說明：

由 3.1.1.的「說明」可知 $\angle 1 = \angle 2$，又 $\angle 2 + \angle 4 = 180°$

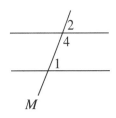

綜合兩者得到 $\angle 1 + \angle 4 = 180°$

由於我們在 3.1.3.、3.1.1.、3.1.2.，由公設依序證明了同側內角互補、同位角相等、內錯角相等，因而可以在 2.1.1 使用 3.1.1.、3.1.2.來證明 2.1.1.三角形的內角和為 180º。現在，我們使用三角形的內角和為 180º 來證明平行線判別性質。

3.1.4. 平行線判別性質：同位角相等

命題：設兩直線被一直線所截，若同位角相等，則兩直線平行

敘述：設 L_1、L_2 被 M 所截，若同位角 $\angle 1 = \angle 2$，則 $L_1 \parallel L_2$。

證明：

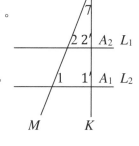

現在，已知為 $\angle 1 = \angle 2$、以及三角形內角和等於 180º。

在 M 上、但不在 L_1 上、不在 L_2 上取一點 P，

由 1.2.6.可過 P 作 $K \perp L_1$，即 $\angle 1' = 90º$，如右圖所示。

由 2.1.1.得到 $\angle 2' = 180º - \angle 2 - \angle 7$

$$= 180º - \angle 1 - \angle 7 = \angle 1' = 90º，$$

從而存在直線 K 使得 $K \perp L_1$ 且 $K \perp L_2$。

在此使用**歸謬證法**：假設欲證結論的反面是正確的，進而得到矛盾，

假設 L_1 不平行 L_2，根據第五公設會在其中一側交於一點 A'，

而在 $\triangle A_1 A' A_2$ 中，內角和為 $90º + 90º + \angle A_1 A' A_2 > 180º$，和 2.1.1.矛盾。

故可藉由 $K \perp L_1$ 且 $K \perp L_2$，知道 $L_1 \parallel L_2$。 □

在 3.1.3. 所使用的**反證法**，是指證明一個命題的逆否命題，即是將前提與結論變為反敘述後再將兩者交換，例如：對一個平常不會賴床的人，「如果有聽到鬧鐘響，那就會準時起床。」和「如果沒有準時起床，那必然是沒有聽到鬧鐘響。」兩者是等價的，但是和「如果沒有聽到鬧鐘響，那就不會準時起床。」是不一樣的，因為有可能他在沒有聽到鬧鐘響還是因生理時鐘而起床了。

　　而在 <u>3.1.4.</u> 使用的**歸謬證法**，則和反證法略為相似，它是假設「前提」與「結論的反敘述」兩者同時成立，而後經過推理得到一個敘述又對又錯的矛盾結果。你現在手上有一個可以刺破任何盾的矛、又有一個可以擋住任何矛的盾，那用此矛攻此盾會發生什麼事呢？想當然爾，其中一者一定要是錯的，於是得到「結論的反敘述」是錯的，換句話說，「結論」是對的，因而由「前提」證明了「結論」。

<u>3.1.5.</u> 平行線判別性質：內錯角相等

　　命題：設兩直線被一直線所截，若內錯角相等，則兩直線平行

　　敘述：設 L_1、L_2 被 M 所截，若內錯角 $\angle 1 = \angle 3$，則 $L_1 \,/\!/\, L_2$。

　　證明：

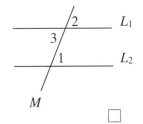

　　　　由於 $\angle 1 = \angle 3$ 且 $\angle 3 = \angle 2$（對頂角相等），

　　　　可得 $\angle 1 = \angle 3 = \angle 2$，即同位角相等。

　　　　由 <u>3.1.4.</u> 可知 $L_1 \,/\!/\, L_2$ □

<u>3.1.6.</u> 平行線判別性質：同側內角互補

　　命題：設兩直線被一直線所截，若同側內角互補，則兩直線平行

　　敘述：設 L_1、L_2 被 M 所截，若同側內角 $\angle 1 + \angle 4 = 180^\circ$，則 $L_1 \,/\!/\, L_2$。

　　證明：

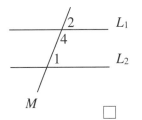

　　　　由於 $\angle 1 + \angle 4 = 180^\circ$ 且 $\angle 2 + \angle 4 = 180^\circ$，

　　　　可得 $\angle 1 = 180^\circ - \angle 4 = \angle 2$，即同位角相等。

　　　　由 <u>3.1.4.</u> 可知 $L_1 \,/\!/\, L_2$ □

　　若細看整個「證明」脈絡，就會發現「證明」是用公設所推衍出來的，並沒有發生循環論證的狀況。此時我們可以說，平行、同位角相等、內錯角相等、同側內角互補，如其中一者成立，其餘三者亦隨之成立。

第二節　平行四邊形

定義　　・平行四邊形：兩組對邊分別平行的四邊形，以 ▱ 記之。

本節證明常使用全等性質，過程大致相似，若讀者漸漸地抓到證明技巧，可在閱讀之前先試著思考該如何找到相等的條件，而後自行完成證明。

3.2.1. 平行四邊形性質：兩組對邊分別相等

命題：平行四邊形的兩組對邊分別相等

敘述：在 ▱$ABCD$ 中，$\overline{AB} = \overline{CD}$、$\overline{BC} = \overline{DA}$。

證明：

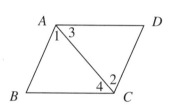

在 $\triangle ABC$ 與 $\triangle CDA$ 中，

(1) $\angle 1 = \angle 2$ ($\overline{AB}$ // $\overline{CD}$，3.1.2.，內錯角相等)

(2) $\angle 4 = \angle 3$ ($\overline{BC}$ // $\overline{DA}$，3.1.2.，內錯角相等)

(3) $\overline{AC} = \overline{AC}$ (公用邊)

於是 $\triangle ABC \cong \triangle CDA$ (ASA 全等性質)

所以 $\overline{AB} = \overline{CD}$、$\overline{BC} = \overline{DA}$ (對應邊相等)　　　□

3.2.2. 平行四邊形性質：鄰角互補

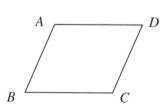

命題：平行四邊形的相鄰內角互補

敘述：在 ▱$ABCD$ 中，$\angle A + \angle B = 180º$。

證明：

因為 $\overline{AD}$ // $\overline{BC}$，所以 $\angle A + \angle B = 180º$ (3.1.3.，同側內角互補)

同樣地，有 $\angle B + \angle C = 180º$、$\angle C + \angle D = 180º$、$\angle D + \angle A = 180º$　　　□

3.2.3. 平行四邊形性質：兩組對角分別相等

命題：平行四邊形的兩組對角分別相等

敘述：在□$ABCD$ 中，$\angle A = \angle C$、$\angle B = \angle D$。

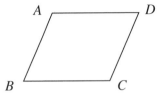

證明：

由 3.2.2.得到 $\angle A + \angle B = 180°$、$\angle B + \angle C = 180°$

於是 $\angle A = 180° - \angle B = \angle C$

同樣地，有 $\angle B + \angle C = 180°$、$\angle C + \angle D = 180°$

於是 $\angle B = 180° - \angle C = \angle D$ □

3.2.4. 平行四邊形性質：對角線互相平分

命題：平行四邊形的兩條對角線互相平分

敘述：在□$ABCD$ 中，對角線 $\overline{AC}$ 和 $\overline{BD}$ 交於 O，則 $\overline{AO} = \overline{CO}$、$\overline{BO} = \overline{DO}$。

證明：

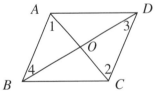

在△AOB 與△COD 中，

(1) $\angle 1 = \angle 2$ ($\overline{AB}$ // $\overline{CD}$，3.1.2.，內錯角相等)

(2) $\angle 4 = \angle 3$ ($\overline{AB}$ // $\overline{CD}$，3.1.2.，內錯角相等)

(3) $\overline{AB} = \overline{CD}$ (3.2.1. 平行四邊形性質：兩組對邊分別相等)

於是△$AOB \cong$ △COD (ASA 全等性質)

所以 $\overline{AO} = \overline{CO}$、$\overline{BO} = \overline{DO}$ (對應邊相等) □

當然，在上面的證明中，將條件 (1) 或 (2) 換成

「$\angle AOB = \angle COD$ (對頂角相等)」亦可，而全等性質相應改成 AAS。

其實證明方式有很多種方法，只要脈絡邏輯正確，而每一項條件都具體地註明，整個證明就是完整的了，主要是要學它的精神：邏輯架構。

3.2.5. 平行四邊形性質：對角線分割等面積三角形

命題：平行四邊形的兩條對角線分割出四個面積相等的三角形

敘述：$\square ABCD$ 中，$\overline{AC}$ 和 $\overline{BD}$ 交於 O，則 $\triangle AOB = \triangle BOC = \triangle COD = \triangle DOA$。

證明：

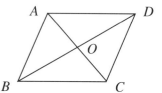

比較 $\triangle AOB$ 與 $\triangle DOA$ 的面積，

由 3.2.4. 知 $\overline{BO} = \overline{DO}$ 故兩三角形的底相等，

又兩三角形的高相等，於是 $\triangle AOB = \triangle DOA$。

同理 $\triangle BOC = \triangle COD$。

再由 3.2.4. 知 $\overline{AO} = \overline{CO}$，得 $\triangle AOB = \triangle BOC$ 與 $\triangle DOA = \triangle COD$。

整理後得到 $\triangle AOB = \triangle BOC = \triangle COD = \triangle DOA$ ☐

3.2.6. 平行四邊形判別：兩組對邊分別相等

命題：若四邊形的兩組對邊分別相等，則該四邊形為平行四邊形

敘述：四邊形 $ABCD$ 中，若 $\overline{AB} = \overline{CD}$、$\overline{BC} = \overline{DA}$，則為 $ABCD$ 平行四邊形。

證明：

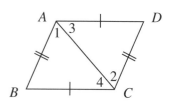

在 $\triangle ABC$ 與 $\triangle CDA$ 中，

(1) $\overline{AB} = \overline{CD}$

(2) $\overline{BC} = \overline{DA}$

(3) $\overline{AC} = \overline{AC}$（公用邊）

於是 $\triangle ABC \cong \triangle CDA$ (SSS 全等性質)

所以 $\angle 1 = \angle 2$、$\angle 4 = \angle 3$（對應角相等）

$\overline{AB} \ /\!/ \ \overline{CD}$（$\angle 1 = \angle 2$，內錯角相等，3.1.5.）

$\overline{BC} \ /\!/ \ \overline{DA}$（$\angle 3 = \angle 4$，內錯角相等，3.1.5.），故 $ABCD$ 為平行四邊形 ☐

3.2.7. 平行四邊形判別：兩組對角分別相等

命題：若四邊形的兩組對角分別相等，則該四邊形為平行四邊形

敘述：四邊形 $ABCD$ 中，若 $\angle A = \angle C$、$\angle B = \angle D$，則 $ABCD$ 為平行四邊形。

證明：

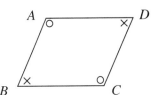

由 2.1.2.知 $\angle A + \angle B + \angle C + \angle D = 360^\circ$

又依題意 $\angle A = \angle C$、$\angle B = \angle D$

於是 $2\angle A + 2\angle B = 360^\circ$ 可得 $\angle A + \angle B = 180^\circ$

由 3.1.6. 可知 $\overline{AD} \ // \ \overline{BC}$ (同側內角互補可推得平行)

同理 $\overline{AB} \ // \ \overline{CD}$，故 $ABCD$ 為平行四邊形 □

3.2.8. 平行四邊形判別：一組對邊平行且相等

命題：若四邊形的一組對邊平行且相等，則該四邊形為平行四邊形

敘述：四邊形 $ABCD$ 中，若 $\overline{AB} = \overline{CD}$、$\overline{AB} \ // \ \overline{CD}$，則 $ABCD$ 為平行四邊形。

證明：

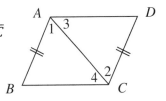

僅需證明另外一組對邊平行即可，欲證 $\overline{AD} \ // \ \overline{BC}$

相同地，使用全等性質來證明。

在 $\triangle ABC$ 與 $\triangle CDA$ 中，

(1) $\angle 1 = \angle 2$ ($\overline{AB} \ // \ \overline{CD}$，3.1.2.，內錯角相等)

(2) $\overline{AB} = \overline{CD}$

(3) $\overline{AC} = \overline{AC}$ (公用邊)

於是 $\triangle ABC \cong \triangle CDA$ (SAS 全等性質)

所以 $\angle 4 = \angle 3$ (對應角相等)

$\overline{BC} \ // \ \overline{DA}$ ($\angle 4 = \angle 3$，內錯角相等，3.1.5.) □

3.2.9. 平行四邊形判別：對角線互相平分

命題：若四邊形的對角線互相平分，則該四邊形為平行四邊形

敘述：四邊形 $ABCD$ 中，對角線 $\overline{AC}$ 和 $\overline{BD}$ 交於 O，

若 $\overline{AO} = \overline{CO}$、$\overline{BO} = \overline{DO}$，則 $ABCD$ 為平行四邊形。

證明：

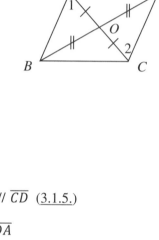

在 $\triangle ABC$ 與 $\triangle CDA$ 中，

(1) $\overline{AO} = \overline{CO}$

(2) $\overline{BO} = \overline{DO}$

(3) $\angle AOB = \angle COD$　（對頂角相等）

於是 $\triangle AOB \cong \triangle COD$ (SAS 全等性質)

所以 $\angle 1 = \angle 2$ (對應角相等)

$\angle 1$ 和 $\angle 2$ 互為內錯角，兩者相等可推得 $\overline{AB} \parallel \overline{CD}$ (3.1.5.)

類似地，可證明 $\triangle BOC \cong \triangle DOA$，得 $\overline{BC} \parallel \overline{DA}$

故 $\overline{AB} \parallel \overline{CD}$ 且 $\overline{BC} \parallel \overline{DA}$，$ABCD$ 為平行四邊形　　□

由 3.2.1.可知平行四邊形當然有一組對邊平行且等長，而又由 3.2.8.知道一組對邊平行且等長即是平行四邊形。綜合 3.2.1.、3.2.3.、3.2.4.、3.2.6.、3.2.7.、3.2.8.、3.2.9.，可以知道以下五種狀況是等價的，即其中一者成立時，其餘亦成立：

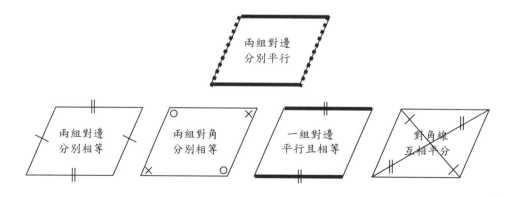

第三節　菱形、矩形、梯形

3.3.1. 菱形的對角線　　　　　　　　　　　　　菱形：四邊等長的四邊形。

命題：菱形的對角線互相垂直平分

敘述：在菱形 $ABCD$ 中，對角線 $\overline{AC}$ 和 $\overline{BD}$ 交於 O，則有

　　　1. $\overline{AO} = \overline{CO}$、$\overline{BO} = \overline{DO}$　　　2. $\overline{AC} \perp \overline{BD}$。

證明：

　　1. 由於菱形的四邊等長，由 3.2.6.可知菱形是平行四邊形，

　　　於是由 3.2.4. 可知菱形的對角線互相平分，即 $\overline{AO} = \overline{CO}$、$\overline{BO} = \overline{DO}$

　　2. 在△AOB 與△AOD 中，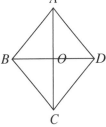

　　(1) $\overline{AB} = \overline{AD}$

　　(2) $\overline{BO} = \overline{DO}$

　　(3) $\overline{AO} = \overline{AO}$（公用邊）

　　於是△$AOB \cong$△AOD (SSS 全等性質) 所以 $\angle AOB = \angle AOD$，

　　又 $\angle AOB + \angle AOD = 180º$ 可得 $\angle AOB = \angle AOD = 90º$，即 $\overline{AC} \perp \overline{BD}$　□

3.3.2. 菱形的面積

　　命題：菱形的面積為對角線相乘的一半

　　敘述：菱形 $ABCD$ 的面積 $= \overline{AC} \times \overline{BD}/2$。

　　證明：

　　　由 3.3.1.知菱形的對角線互相垂直，故菱形 $ABCD =$ △$ABC +$△ADC

$$= \frac{\overline{AC} \times \overline{BO}}{2} + \frac{\overline{AC} \times \overline{OD}}{2} = \frac{\overline{AC}}{2} \times (\overline{BO} + \overline{OD}) = \frac{\overline{AC} \times \overline{BD}}{2}$$

　　　於是，菱形的面積為對角線相乘的一半　　　　　　　　　　　　□

3.3.3. 矩形的對角線

矩形：四角相等的四邊形。

命題：矩形的對角線等長且互相平分

敘述：在矩形 $ABCD$ 中，對角線 $\overline{AC}$ 和 $\overline{BD}$ 交於 O，

    1. $\overline{AO} = \overline{CO}$、$\overline{BO} = \overline{DO}$ 2. $\overline{AC} = \overline{BD}$

證明：

  1. 由於矩形的四個內角相等，由 <u>3.2.7.</u>可知矩形是平行四邊形，

    再由 <u>3.2.4.</u> 可知矩形的對角線互相平分，即 $\overline{AO} = \overline{CO}$、$\overline{BO} = \overline{DO}$

  2. 在 $\triangle ABC$ 與 $\triangle DCB$ 中，

    (1) $\overline{AB} = \overline{DC}$ (矩形是平行四邊形，<u>3.2.1.</u>，對邊等長)

    (2) $\angle ABC = \angle DCB$ $(= 90°)$

    (3) $\overline{BC} = \overline{BC}$ (公用邊)

    於是 $\triangle ABC \cong \triangle DCB$ (SAS 全等性質)

    所以 $\overline{AC} = \overline{BD}$ (對應邊相等)

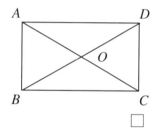

在進入梯形之前，我們先來看梯形的定義，梯形指的是恰有一組對邊平行的四邊形，也就是說，必須有一組對邊平行，且另外一組對邊不平行。就圖形分類來說，正方形滿足菱形與矩形的定義，因此它是菱形也是矩形，並繼承兩者的性質。而菱形與矩形都滿足平行四邊形的定義，它們都是平行四邊形，也具有平行四邊形的性質。

然而不可能有四邊形同時滿足梯形和平行四邊形的定義，也就是說，一個四邊形只要是梯形就不會是平行四邊形、只要是平行四邊形就不會是梯形。梯形中互相平行的邊稱為底邊，分別稱為上底和下底。在梯形中，如果上底和下底等長，就得到一組平行且相等的邊，由 <u>3.2.8.</u> 可知此四邊形為平行四邊形，定義為兩組對邊分別平行，和梯形的定義矛盾，故梯形的上底與下底一定不等長。

3.3.4. 梯形的中線　　　　　　　　　梯形：恰有一組對邊平行的四邊形。

命題：梯形的中線平行於上、下底，且為上、下底之和的一半

敘述：梯形 $ABCD$ 中，$\overline{AD}$ // $\overline{BC}$，中線為 $\overline{EF}$，則 $\overline{EF}$ // $\overline{BC}$，且

$$\overline{EF} = \frac{\overline{AD} + \overline{BC}}{2} 。$$

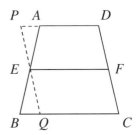

證明：

因為於上底 $\overline{AD}$ 和下底 $\overline{BC}$ 必定不等長，

不失一般性假設下底比較長，即 $\overline{AD} < \overline{BC}$，

由 1.2.7. 過線外一點作平行線，

過 E 作 $\overline{PQ}$ // $\overline{CD}$，$\overline{PQ}$ 交 $\overline{AD}$ 的延長線於 P、交 $\overline{BC}$ 於 Q。

在△AEP 與△BEQ 中，

(1) $\overline{AE} = \overline{BE}$ (E 為中點)

(2) $\angle AEP = \angle BEQ$ (對頂角相等)

(3) $\angle EAP = \angle EBQ$ ($\overline{AD}$ // $\overline{BC}$，3.1.2.，內錯角相等)

於是△$AEP \cong$△BEQ (ASA 全等性質)

所以 $\overline{EP} = \overline{EQ}$ 且 $\overline{AP} = \overline{BQ}$ (對應邊相等)。

另一方面，在四邊形 $CDPQ$ 中，$\overline{DP}$ // $\overline{CQ}$ 且 $\overline{PQ}$ // $\overline{CD}$，

故四邊形 $CDPQ$ 為一平行四邊形，由 3.2.1. 知道 $\overline{PQ} = \overline{CD}$。

綜合上述，可知 E 為□$CDPQ$ 中 $\overline{PQ}$ 的中點，

四邊形 $PEFD$ 中 $\overline{EP}$ // $\overline{FD}$ 且 $\overline{EP} = \frac{1}{2}\overline{PQ} = \frac{1}{2}\overline{CD} = \overline{FD}$，

由 3.2.8. 可知 $PEFD$ 為平行四邊形，同理 $EQCF$ 亦為平行四邊形，

於是 $\overline{EF}$ // $\overline{AD}$ // $\overline{BC}$。再由 3.2.1.可知 $\overline{EF} = \overline{DP}$，同理，$\overline{EF} = \overline{CQ}$。

最後，$\overline{EF} = \dfrac{\overline{DP} + \overline{CQ}}{2} = \dfrac{\overline{AD} + \overline{AP} + \overline{CB} - \overline{BQ}}{2} = \dfrac{\overline{AD} + \overline{CB} + \overline{AP} - \overline{BQ}}{2} = \dfrac{\overline{AD} + \overline{CB}}{2}$　　□

3.3.5. 梯形的面積

命題：梯形的面積為中線長度乘以高

敘述：梯形 $ABCD$ 中，$\overline{AD} \mathbin{/\!/} \overline{BC}$，中線為 $\overline{EF}$、高為 h，

則梯形 $ABCD$ 面積為 $\overline{EF} \times h$。

證明：

在 <u>3.3.4.</u> 的證明中，已知道 $\triangle AEP \cong \triangle BEQ$

梯形 $ABCD =$ 梯形 $ADFE +$ $\square EQCF +$ $\triangle BEQ$

$=$ 梯形 $ADFE +$ $\square EQCF +$ $\triangle AEP$

$= \square PEFD + \square EQCF = \square CDPQ = \overline{CQ} \times h = \overline{EF} \times h$ □

3.3.6. 等腰梯形的底角性質

命題：等腰梯形的兩頂角相等、兩底角相等

敘述：梯形 $ABCD$ 中，$\overline{AD} \mathbin{/\!/} \overline{BC}$ 且 $\overline{AB} = \overline{CD}$，則 $\angle B = \angle C$、$\angle A = \angle D$

證明：

僅需證明底角相等，即 $\angle B = \angle C$，同理可得頂角相等，即 $\angle A = \angle D$。

設 A、D 在 $\overline{AB}$ 上的垂足分別為 E、F

由 <u>3.1.5.</u> 內錯角相等可判定 $\overline{AE} \mathbin{/\!/} \overline{DF}$。

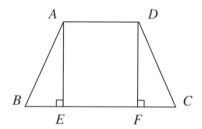

在 $\triangle ABE$ 與 $\triangle DCF$ 中，

(1) $\overline{AB} = \overline{DC}$

(2) $\angle AEB = \angle DFC = 90º$

(3) $\overline{AE} = \overline{DF}$ $(\overline{AD} \mathbin{/\!/} \overline{BC}$、$\overline{AE} \mathbin{/\!/} \overline{DF}$，$ADFE$ 為平行四邊形，<u>3.2.1.</u>$)$

於是 $\triangle ABE \cong \triangle DCF$ (RHS 全等性質)，故 $\angle B = \angle C$ (對應角相等) □

從上面的證明中推導的 $\overline{AE} = \overline{DF}$，可以理解兩平行線的距離處處相等。此外，透過全等性質，可以證明等腰梯形的對角線等長，在此便留給讀者練習了。

第四章

比例線段與相似形

第一節　比例線段

4.1.1. 等高三角形的面積比

命題：等高三角形的面積比等於底邊長度比

敘述：設 $\triangle ABC$ 和 $\triangle DEF$ 中，$\overline{AB}$ 上的高與 $\overline{DE}$ 上的高相同，則

$\triangle ABC : \triangle DEF = \overline{AB} : \overline{DE}$。

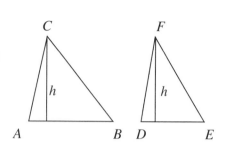

證明：

設 $\overline{AB}$ 上的高 $=\overline{DE}$ 上的高 $=h$，

則有 $\triangle ABC : \triangle DEF = \dfrac{\overline{AB}h}{2} : \dfrac{\overline{DE}h}{2} = \overline{AB} : \overline{DE}$　□

4.1.2. 平行線截比例線段

命題：平行於底邊的直線在三角形的兩腰截出比例線段

敘述：$\triangle ABC$ 中，P_A、P_B 分別在 $\overline{CA}$、$\overline{CB}$ 上，

且 $\overline{P_A P_B} /\!/ \overline{AB}$，則 $\overline{CP_A} : \overline{P_A A} = \overline{CP_B} : \overline{P_B B}$。

證明：

在上一章最後一段的結論中，

可知兩平行線 $\overline{P_A P_B}$ 與 $\overline{AB}$ 的距離處處相等，

於是在 $\triangle AP_A P_B$ 與 $\triangle BP_A P_B$ 中，兩三角形等高，

又 $\overline{P_A P_B} = \overline{P_A P_B}$，兩者有相同的底，其面積 $\triangle AP_A P_B = \triangle BP_A P_B$。

又由 4.1.1. 可知面積　$\triangle CP_A P_B : \triangle AP_A P_B = \overline{CP_A} : \overline{P_A A}$

$$\triangle CP_A P_B : \triangle BP_A P_B = \overline{CP_B} : \overline{P_B B}$$

綜合三者可得　$\overline{CP_A} : \overline{P_A A} = \triangle CP_A P_B : \triangle AP_A P_B$

$$= \triangle CP_A P_B : \triangle BP_A P_B = \overline{CP_B} : \overline{P_B B}$$　□

4.1.3. 比例線段尺規作圖

命題：給定自然數 n，可將任一線段 n 等分

敘述：已知 n 與 $\overline{AB}$，試將 $\overline{AB}$ 分成 n 等分。

作圖：

(圖示以 $n=4$ 為例)

可以藉由平行線截比例線段的方式來操作。

1. 過 A 作異於 $\overleftrightarrow{AB}$ 的直線 L。

2. 以 A 為圓心，適當長為半徑畫弧，交 L 於 A_1。

3. 設 $A_0 = A$。之後，對於所有 $k = 1, 2, \ldots, n-1$，

   在 L 上取 A_{k+1}，使 $\overline{A_k A_{k+1}} = \overline{AA_1}$（1.2.1. 作等線段），但 $A_{k+1} \neq A_{k-1}$。

4. 連接 $\overline{BA_n}$，對於所有 $k = 1, 2, \ldots, n-1$，

   在 $\overline{AB}$ 上取 P_k，使得 $\overline{P_k A_k}$ // $\overline{BA_n}$（1.2.7. 過線外一點作平行線），

   則 $P_1, P_2, P_3, \ldots, P_{n-1}$ 即為 $\overline{AB}$ 的 n 等分點，即為所求。 ∎

4.1.4. 平行線判別性質：比例線段

命題：若一直線在三角形兩邊截出比例線段，則該直線平行底邊。

敘述：在 $\triangle ABC$ 中，P_A、P_B 分別在 $\overline{CA}$、$\overline{CB}$ 上，滿足

   $\overline{CP_A} : \overline{P_A A} = \overline{CP_B} : \overline{P_B B}$，則有 $\overline{P_A P_B} // \overline{AB}$。

證明：

   過 P_A 作直線平行 $\overline{AB}$ 交 $\overline{CB}$ 於 P

   由 4.1.2. 得 P 在 $\overline{CB}$ 上滿足 $\overline{CP} : \overline{PB} = \overline{CP_A} : \overline{P_A A}$，

   又 P_B 亦在 $\overline{CB}$ 上亦滿足 $\overline{CP} : \overline{PB} = \overline{CP_A} : \overline{P_A A}$。

   於是 P 與 P_B 重合，即 $P_B = P$，故 $\overline{P_A P_B} = \overline{P_A P} // \overline{AB}$ □

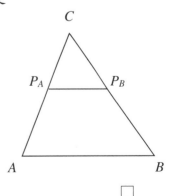

4.1.5. 三角形兩邊中點連線性質

命題：三角形的兩邊中點連線平行於底邊且為底邊長的一半。

敘述：在 $\triangle ABC$ 中，M_A、M_B 分別為 $\overline{CA}$、$\overline{CB}$ 的中點，則

1. $\overline{M_A M_B}//\overline{AB}$ 2. $\overline{M_A M_B} = \overline{AB}/2$。

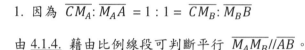

證明：

1. 因為 $\overline{CM_A}:\overline{M_A A} = 1:1 = \overline{CM_B}:\overline{M_B B}$

由 <u>4.1.4.</u> 藉由比例線段可判斷平行 $\overline{M_A M_B}//\overline{AB}$。

2. 如右圖，在 $\overline{AB}$ 上取一點 P 使得 $\overline{PM_B}//\overline{AC}$，

於是 $\overline{PM_B}//\overline{AM_A}$，再由 (1) 得到 $\overline{M_A M_B}//\overline{AP}$，

故 $AM_A M_B P$ 為平行四邊形，

由 <u>3.2.1.</u> 得 $\overline{AP} = \overline{M_A M_B}$。

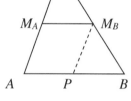

另一方面，因為 $\overline{PM_B}//\overline{AC}$，

由 <u>4.1.2. 平行線截比例線段</u> 可得 $\overline{BP}:\overline{AP} = \overline{BM_B}:\overline{CM_B} = 1:1$

得 $\overline{BP} = \overline{AP} = \overline{M_A M_B}$。

綜合兩者，可以得到

$$\overline{AB} = \overline{AP} + \overline{BP} = 2\overline{AP} = 2\,\overline{M_A M_B} \qquad\qquad \square$$

在下一節中，我們將要探討相似三角形，我們說兩個三角形相似若且唯若可以透過旋轉、翻轉、平移、**伸縮**將它們完全重疊，即對應邊成比例且對應角相等，以 ~ 記號之。下一節的三個性質：AA, SAS, SSS 告訴我們只需要滿足部份條件，兩個三角形便是相似三角形。

第二節　相似形

4.2.1. 兩角(AA)

命題：若兩三角形有兩個內角對應相等，則兩三角形相似

敘述：在$\triangle ABC$ 與$\triangle DEF$ 中，若$\angle A = \angle D$、$\angle B = \angle E$，

則$\triangle ABC \sim \triangle DEF$，即對應角相等，且對應邊成比例：

$$\frac{\overline{DE}}{\overline{AB}} = \frac{\overline{EF}}{\overline{BC}} = \frac{\overline{FD}}{\overline{CA}} \text{。}$$

證明：

由 2.1.1. 可得$\angle C = 180º - \angle A - \angle B$

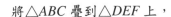

$= 180º - \angle D - \angle E = \angle F$，

而尚須證明對應邊成比例。

將$\triangle ABC$ 疊到$\triangle DEF$ 上，

使$\angle A$ 與$\angle D$ 重合，

設B、C 分別對應到B'、C'，

$\angle B' = \angle B = \angle E$ 得到 $\overline{B'C'} /\!/ \overline{EF}$（同位角相等，3.1.4.）

由 4.1.2.，得到

$$\frac{\overline{DE}}{\overline{AB}} = \frac{\overline{DE}}{\overline{DB'}} = \frac{\overline{FD}}{\overline{C'D}} = \frac{\overline{FD}}{\overline{CA}}$$

同理，若將$\triangle ABC$ 疊到$\triangle DEF$ 上，使$\angle B$ 與$\angle E$ 重合，則可得

$$\frac{\overline{DE}}{\overline{AB}} = \frac{\overline{EF}}{\overline{BC}}$$

綜合而得

$$\frac{\overline{DE}}{\overline{AB}} = \frac{\overline{EF}}{\overline{BC}} = \frac{\overline{FD}}{\overline{CA}}$$

4.2.2. 兩邊夾一角(SAS)

命題：若兩三角形的兩對應邊成比例且夾角相等，則兩三角形相似

敘述：在△ABC 與△DEF 中，∠A = ∠D，且

$$\frac{\overline{DE}}{\overline{AB}} = \frac{\overline{FD}}{\overline{CA}}$$

則△ABC~△DEF。

證明：

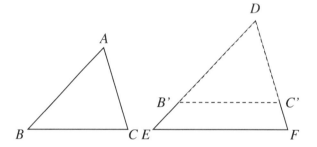

將△ABC 疊到△DEF 上，使∠A 與∠D 重合。

設 B、C 分別對應到 B'、C'，

因為

$$\frac{\overline{DE}}{\overline{DB'}} = \frac{\overline{DE}}{\overline{AB}} = \frac{\overline{FD}}{\overline{CA}} = \frac{\overline{FD}}{\overline{C'D}}$$

由 4.1.4. 平行線判別性質：比例線段 得到 $\overline{B'C'}$ // $\overline{EF}$

以及 3.1.1. 平行線性質：同位角相等 可得∠B' = ∠E，

最後，∠A = ∠D 且∠B = ∠B' = ∠E，由 4.2.1.知△ABC~△DEF   □

在證明三個相似性質時，所採用的方法就只有將較小的三角形疊到較大的三角形上，而其過程需要對第 3 章與第 4 章的平行概念相當清楚才會順利。在練習證明時建議先用直覺思考，而後再提出證明。依據定義，相似形本身就蘊含著對應邊成比例這個條件，而若只有對應邊成比例這個條件，是否也能推導出兩三角形相似呢？

4.2.3. 三邊(SSS)

命題：若兩三角形的對應邊成比例，則兩三角形相似

敘述：在△ABC 與△DEF 中，若

$$\frac{\overline{DE}}{\overline{AB}} = \frac{\overline{EF}}{\overline{BC}} = \frac{\overline{FD}}{\overline{CA}}$$

則△ABC~△DEF。

證明：

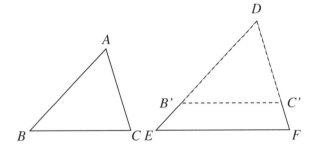

在$\overline{DE}$與$\overline{DF}$上分別取 B'、C'，使得$\overline{DB'}$=$\overline{AB}$、$\overline{DC'}$=$\overline{AC}$。

由於

$$\frac{\overline{DE}}{\overline{DB'}} = \frac{\overline{DE}}{\overline{AB}} = \frac{\overline{FD}}{\overline{CA}} = \frac{\overline{FD}}{\overline{C'D}}$$

以及 4.1.4.、3.1.1. 可得∠B' = ∠E、∠C' = ∠F，

再由 4.2.1. 得到 △DB'C'~△DEF，接著由相似定義與命題假設可得

$$\frac{\overline{EF}}{\overline{B'C'}} = \frac{\overline{DE}}{\overline{DB'}} = \frac{\overline{DE}}{\overline{AB}} = \frac{\overline{EF}}{\overline{BC}}$$

於是$\overline{B'C'}$=$\overline{BC}$。

在△ABC 與△DB'C'中，

$\overline{DB'}$=$\overline{AB}$、$\overline{DC'}$=$\overline{AC}$、$\overline{B'C'}$=$\overline{BC}$，所以

△ABC≅△DB'C' (SSS 全等性質)

於是△ABC≅△DB'C'~△DEF，得△ABC~△DEF　　　　　　□

4.2.4. 相似三角形的角平分線

命題：相似三角形的角平分線長度比等於邊長比

敘述：設△ABC～△DEF，且設∠A 的角平分線交 $\overline{BC}$ 於 A'、∠D 的角平分線

交 $\overline{EF}$ 於 D'，則 $\overline{AA'}:\overline{DD'} = \overline{AB}:\overline{DE}$。

證明：

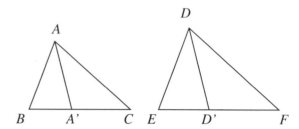

在△ABA' 與△DED' 中

(1) 因為△ABC～△DEF

所以∠B =∠E (對應角相等)

(2) 因為 $\overline{AA'}$、$\overline{DD'}$ 為角平分線

所以∠BAA' $=\frac{1}{2}$∠A $=\frac{1}{2}$∠D =∠EDD'，於是 △ABA'～△DED' (AA 相似)

得到 $\overline{AA'}:\overline{DD'} = \overline{AB}:\overline{DE}$ (對應邊成比例)　　　□

4.2.5. 相似三角形的中線

命題：相似三角形的中線長度比等於邊長比

敘述：設△ABC～△DEF，且設 M_A、M_D 分別為 $\overline{BC}$、$\overline{EF}$ 的中點，

則 $\overline{AM_A}:\overline{DM_D} = \overline{AB}:\overline{DE}$。

證明：

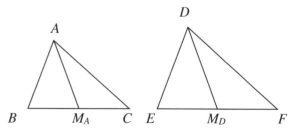

在△ABM_A 與△DEM_D 中

(1) 因為△ABC～△DEF

所以∠B =∠E (對應角相等)

(2) 因為 $\overline{BM_A}:\overline{EM_D} = 2\overline{BM_A}:2\overline{EM_D} = \overline{BC}:\overline{EF} = \overline{AB}:\overline{DE}$ (M_A、M_D 為中點)

所以 △ABM_A～△DEM_D (SAS 相似)

得到 $\overline{AM_A}:\overline{DM_D} = \overline{AB}:\overline{DE}$ (對應邊成比例)　　　□

4.2.6. 相似三角形的高

命題：相似三角形的高的長度比等於邊長比

敘述：設△ABC~△DEF，且設 H_A、H_D 分別是在 $\overline{BC}$、$\overline{EF}$ 的垂足，

則 $\overline{AH_A}:\overline{DH_D} = \overline{AB}:\overline{DE}$。

證明：

在△ABH_A 與△DEH_D 中，

(1) 因為△ABC~△DEF，

所以 ∠B = ∠E (對應角相等)

(2) 因為 H_A、H_D 為垂足，

所以 $\angle AH_AB = 90° = \angle DH_DE$，於是 △$ABH_A$ ~△DEH_D (AA 相似)

得到 $\overline{AH_A}:\overline{DH_D} = \overline{AB}:\overline{DE}$ (對應邊成比例) □

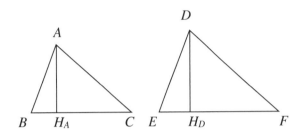

當三角形的三邊長固定時，由 1.3.1.可知此三角形是唯一的，可決定角平分線、中線、高的長度，4.2.4.、4.2.5.、4.2.6.接著說明將此三角形伸縮 k 倍後，角平分線、中線、高亦隨之伸縮 k 倍。事實上，若已知△ABC 的三邊長，∠A、∠B、∠C 的對邊分別為 a、b、c，則

1. ∠A 的角平分線 $\overline{AA'} = \sqrt{bc - \left(\frac{ba}{b+c}\right)\left(\frac{ca}{b+c}\right)} = \frac{2\sqrt{bcs(s-a)}}{b+c}$

2. A 和 $\overline{BC}$ 中點 M_A 連線段長 $\overline{AM_A} = \sqrt{\frac{2b^2+2c^2-a^2}{4}} = \frac{\sqrt{2b^2+2c^2-a^2}}{2}$

3. 自 A 作 $\overline{BC}$ 的高 $\overline{AH_A} = \sqrt{\frac{(a+b+c)(-a+b+c)(a-b+c)(a+b-c)}{4a^2}} = \frac{2\sqrt{s(s-a)(s-b)(s-c)}}{a}$

其中 $s = \frac{a+b+c}{2}$ 為周長的一半，稱為半周長。你發現了嗎？將 a、b、c、s 分別改為 ka、kb、kc、ks，它的角平分線、中線、高確實變為原本的 k 倍了。

4.2.7. 相似三角形的面積

命題：相似三角形的面積比等於邊長平方比

敘述：設 $\triangle ABC \sim \triangle DEF$，則 $\triangle ABC : \triangle DEF = \overline{AB}^2 : \overline{DE}^2$。

證明：

設 h_A、h_D 分別是在 $\triangle ABC$、$\triangle DEF$ 中，

$\overline{BC}$ 與 $\overline{EF}$ 上的高，由 4.2.6. 可設

$$\frac{\overline{DE}}{\overline{AB}} = \frac{\overline{EF}}{\overline{BC}} = \frac{h_D}{h_A} = k$$

於是 $2\triangle DEF = \overline{EF} h_D = \overline{BC} h_A k^2 = k^2 \cdot 2\triangle ABC$ 即

$$\triangle ABC : \triangle DEF = 1 : k^2$$

又 $\overline{AB}^2 : \overline{DE}^2 = \overline{AB}^2 : k^2 \overline{AB}^2 = 1 : k^2$，綜合兩式而得證 $\square$

當三角形的三邊長固定時，由 1.3.1. 可確定它的面積，4.2.7. 接著說明將此三角形伸縮 k 倍後，面積會變為原本的 k^2 倍。事實上，若已知 $\triangle ABC$ 的三邊長，$\angle A$、$\angle B$、$\angle C$ 的對邊分別為 a、b、c，則其面積為

$$\triangle = \sqrt{\frac{(a+b+c)(-a+b+c)(a-b+c)(a+b-c)}{16}} = \sqrt{s(s-a)(s-b)(s-c)}$$

其中 $s = \frac{a+b+c}{2}$ 為半周長。你發現了嗎？將 a、b、c、s 分別改為 ka、kb、kc、ks，它的面積確實變為原本的 k^2 倍了，這個公式稱為**海龍公式**，其證明可見於附錄。

4.2.8. 子母相似定理

命題：直角三角形在斜邊上的高分出三個兩兩相似的三角形

敘述：在△ABC 中，∠C = 90º，設 D 為 C 在 $\overline{AB}$ 上的垂足，則

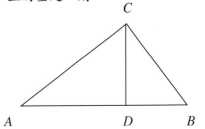

$$△ACD \sim △ABC \sim △CBD$$

證明：

在△ACD 與△ABC 中，因為

(1) ∠A = ∠A（共用角）

(2) ∠ACB = 90º = ∠ADC（D 為 C 在 $\overline{AB}$ 上的垂足）

於是，△ACD ～ △ABC（AA）

在△ABC 與△CBD 中，因為

(1) ∠B = ∠B（共用角）

(2) ∠ACB = 90º = ∠CDB（D 為 C 在 $\overline{AB}$ 上的垂足）

於是，△ABC ～ △CBD（AA）

綜合兩者，得知△ACD ～△ABC ～△CBD   □

在直角三角形中，給定直角之外的角 θ 後，由 AA 相似性質，邊與邊之間會形成固定的連比例。設給定角 θ 所對應的邊稱為對邊、剩下的那一邊為鄰邊：

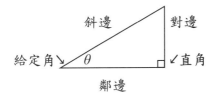

接著，從「對邊」、「鄰邊」、「斜邊」三者中選擇兩者分別作為分子與分母，而有六種定義方式，使三角函數應運而生。初學者可先認識下面三個三角函數：

$$\sin\theta = \frac{對邊}{斜邊}, \qquad \cos\theta = \frac{鄰邊}{斜邊}, \qquad \tan\theta = \frac{對邊}{鄰邊}。$$

　　至此，已經討論相當多相似性質的運用，這些性質還可用來證明兩個古典幾何中重要的定理，本章的最後便來介紹這兩個定理。前者探討三點共線，稱為**孟氏定理**；後者探討三線共點，稱為**西瓦定理**。

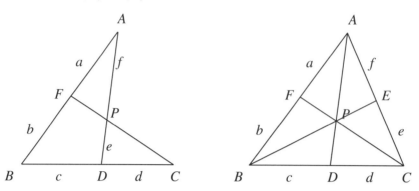

　　上面左圖中呈現的是孟氏定理。設 D、F 分別在 $\overline{BC}$、$\overline{AB}$ 上，若 $\overline{AD}$、$\overline{CF}$ 交點為 P，其線段長度分別為 $\overline{AF} = a$、$\overline{BF} = b$、$\overline{BD} = c$、$\overline{CD} = d$、$\overline{DP} = e$、$\overline{AP} = f$，標記如圖所示，則有

$$\frac{a}{b} \times \frac{c+d}{d} \times \frac{e}{f} = 1$$

　　如果運用相似三角形來證明，需要作 $\overleftrightarrow{AD}$ 以及過 C 作平行 $\overline{AB}$ 的直線 $\overleftrightarrow{CQ}$，兩直線交於 Q，利用 $\triangle AFP \sim \triangle QCP$ 以及 $\triangle ABD \sim \triangle QCD$ 來得到 $a(c+d)e = bdf$，並進一步整理成上式，不妨試試看吧！

　　上面右圖呈現的是西瓦定理。設 D、E、F 分別在 $\overline{BC}$、$\overline{CA}$、$\overline{AB}$ 上，若 $\overline{AD}$、$\overline{BE}$、$\overline{CF}$ 三線交於三角形內一點 P，其線段長度分別為 $\overline{AF} = a$、$\overline{BF} = b$、$\overline{BD} = c$、$\overline{CD} = d$、$\overline{CE} = e$、$\overline{AE} = f$，標記如圖所示，則有

$$\frac{a}{b} \times \frac{c}{d} \times \frac{e}{f} = 1$$

反之，若滿足上述關係，則三線共點。於之後的章節中，我們可在 <u>6.2.4. 內心定理</u>、<u>6.2.7. 重心定理</u>時，驗證此事。

第五章

圓 的 性質

定義

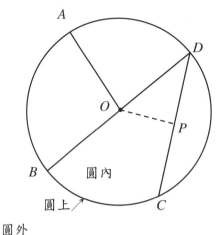

圓心：O

半徑：$\overline{AO}$

直徑：$\overline{BD}$

劣弧：$\overset{\frown}{AB}$

優弧：$\overset{\frown}{ACB}$

弦：$\overline{CD}$

扇形：兩半徑＋一弧

　　如扇形 AOB

弓形：一弦＋一弧

　　如 $\overline{CD}+\overset{\frown}{CD}$

弦心距：$\overline{OP}$

圓心角：$\angle AOB$

引理

命題：由點到直線的距離所作線段會垂直該直線

敘述：設 Q 在直線 L 上，且 $\overline{PQ}$ 為點 P 到 L 的(最短)距離，則 $\overline{PQ} \perp L$。

證明：

此命題使用**歸謬證法**，設 $\overline{PQ}$ 不垂直 L。

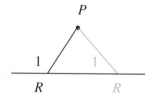

在 L 上取一動點 R，當 R 由左向右移動時，

$\angle 1$ 從大於 $90°$ 變成小於 $90°$

知道在之間存在一點 R 可使 $\angle 1 = 90°$

現在，可設找到的該點 R 滿足 $\overline{PR} \perp L$，

且因 $\overline{PQ}$ 不垂直 L，Q 為 L 上異於 R 的一點。

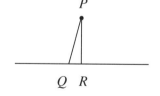

在 $\triangle PQR$ 中，$\angle Q = 180° - \angle P - \angle R$

$= 180° - \angle P - 90° = 90° - \angle P < 90° = \angle R$

由 <u>2.3.4. 大角對大邊</u> 得知 $\overline{PQ} > \overline{PR}$，

與原假設 $\overline{PQ}$ 為點 P 到 L 的(最短)距離矛盾

第一節　點、線、圓的關係

點與圓、線與圓、圓與圓的關係簡列如下。

1. 點 P 與圓 C：設圓 C 的圓心 O、半徑 r

點在圓外	點在圓上	點在圓內
$\overline{OP} > r$	$\overline{OP} = r$	$\overline{OP} < r$

2. 直線 L 與圓 C：設圓 C 的圓心 O、半徑 r、圓心 O 到直線 L 的距離記為 $d(O, L)$

不相交	交於一點	交於兩點
$d(O, L) > r$	$d(O, L) = r$	$d(O, L) < r$
	L 稱為切線	L 稱為割線

3. 圓 C_1 與圓 C_2：設圓 C_1、C_2 的圓心分別為 O_1、O_2，半徑分別為 r_1、r_2 $(r_1 \geq r_2)$

外離	外切	交於兩點	內切	內離
$\overline{O_1O_2} > r_1 + r_2$	$\overline{O_1O_2} = r_1 + r_2$	$r_1 - r_2 < \overline{O_1O_2} < r_1 + r_2$	$\overline{O_1O_2} = r_1 - r_2$	$\overline{O_1O_2} < r_1 - r_2$
內公切線 2 條	內公切線 1 條	內公切線 0 條	內公切線 0 條	內公切線 0 條
外公切線 2 條	外公切線 2 條	外公切線 2 條	外公切線 1 條	外公切線 0 條

5.1.1. 弦心距

命題：弦心距(弦與圓心的距離)垂直平分此弦

敘述：設 $\overline{AB}$ 為圓 O 的一弦，P 在 $\overline{AB}$ 且 $\overline{OP}$ 為弦心距，則

    1. $\overline{OP} \perp \overline{AB}$ 2. $\overline{PA} = \overline{PB}$。

證明：

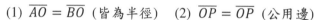

    1. 由 **引理** 可證得 $\overline{OP} \perp \overline{AB}$

    2. 在 $\triangle AOP$ 與 $\triangle BOP$ 中，因為

(1) $\overline{AO} = \overline{BO}$ (皆為半徑)   (2) $\overline{OP} = \overline{OP}$ (公用邊)

(3) $\angle APO = \angle BPO = 90^\circ$，於是 $\triangle AOP \cong \triangle BOP$ (RHS 全等性質)

可得 $\overline{PA} = \overline{PB}$ (對應邊相等)   □

另外，在上面的 5.1.1. 中，已經得知弦心距垂直平分此弦，於是由 1.1.1. 畢氏定理可求得弦心距 $\overline{OP}$ 與弦長 $\overline{AB}$ 的關係滿足

$$\overline{OP}^2 + \left(\frac{1}{2}\overline{AB}\right)^2 = r^2$$

5.1.2. 弦長與弦心距的關係

命題：圓的弦長愈長，所對弦心距愈短

證明：

由 5.1.1. 之後的說明可知

$$\overline{OP}^2 + \left(\frac{1}{2}\overline{AB}\right)^2 = r^2$$

此時半徑 r 為定值，故

1. 弦長愈長，所對弦心距愈短   2. 弦長愈短，所對弦心距愈長

3. 弦心距愈長，所對弦長愈短   4. 弦心距愈短，所對弦長愈長   □

5.1.3. 弦的中垂線通過圓心

命題：弦的中垂線通過圓心

敘述：設 $\overline{AB}$ 為圓 O 的一弦，則 O 在 $\overline{AB}$ 中垂線上。

證明：

設 M 為 $\overline{AB}$ 中點，我們僅須證明 $\overline{OM} \perp \overline{AB}$。

在 $\triangle AOM$ 與 $\triangle BOM$ 中，因為

(1) $\overline{AO} = \overline{BO}$ （皆為半徑）

(2) $\overline{OM} = \overline{OM}$ （公用邊）

(3) $\overline{AM} = \overline{BM}$ （M 為 $\overline{AB}$ 中點），

於是 $\triangle AOM \cong \triangle BOM$ (SSS 全等性質)，

所以 $\angle AMO = \angle BMO$ (對應角相等)

又 $\angle AMO + \angle BMO = 180^\circ$，得 $\angle AMO = \angle BMO = 90^\circ$，即 $\overline{OM} \perp \overline{AB}$ ☐

你是否覺得 5.1.3.和 5.1.1.有些相似呢？它們的異同之處在哪呢？另外，上面的性質提供了一個找圓心的方法：任意作兩條不平行的弦，例如可以在上圖的圓上取異於 A、B 的點 C，並由 1.2.3.可分別作 $\overline{AB}$、$\overline{AC}$ 的中垂線，兩中垂線的交點即為圓心。

5.1.4. 圓的切線性質

命題：圓心與切點的連線垂直於此切線

敘述：直線 L 與圓 O 相切於 P，則 $\overline{OP} \perp L$。

證明：

根據**引理**，只要證明 $\overline{OP}$ 為 O 到 L 的距離即可。

因為對於所有異於 P 且在 L 上的點 Q 都在圓外，

於是都有 $\overline{OQ} > \overline{OP}$，從而 $\overline{OP}$ 為 O 到 L 的距離 ☐

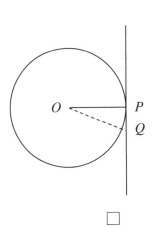

5.1.5. 圓外一點至圓的兩切線性質

命題：過圓外一點之切線的切線段長等長，且該點與圓心連線平分切線夾角

敘述：設 O 為圓 C 的圓心，P 在圓 C 外，過 P 作兩切線切圓 C 於 A、B，則

1. $\overline{PA} = \overline{PB}$ 2. $\angle APO = \angle BPO$。

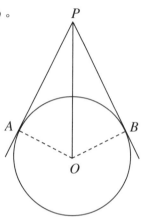

證明：

在 $\triangle AOP$ 與 $\triangle BOP$ 中，因為

(1) $\overline{AO} = \overline{BO}$ （皆為半徑）

(2) $\overline{OP} = \overline{OP}$ （公用邊）

(3) $\angle OAP = \angle OBP = 90^\circ$ (5.1.4. 圓的切線性質)，

於是 $\triangle AOP \cong \triangle BOP$ (RHS 全等性質)，

所以 $\overline{PA} = \overline{PB}$ (對應邊相等)、$\angle APO = \angle BPO$ (對應角相等)   □

5.1.6. 圓外切四邊形

命題：圓外切四邊形的兩組對邊之和相等

敘述：設四邊形 $ABCD$ 為圓外切四邊形，則

$$\overline{AB} + \overline{CD} = \overline{BC} + \overline{DA}。$$

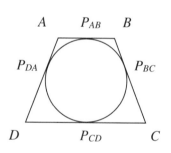

證明：

設 P_{AB}、P_{BC}、P_{CD}、P_{DA} 分別為 $\overline{AB}$、$\overline{BC}$、$\overline{CD}$、$\overline{DA}$ 上的切點。

由 5.1.5. 得知

(1) $\overline{AP_{AB}} = \overline{AP_{DA}}$

(2) $\overline{BP_{AB}} = \overline{BP_{BC}}$

(3) $\overline{CP_{CD}} = \overline{CP_{BC}}$

(4) $\overline{DP_{CD}} = \overline{DP_{DA}}$

(1)~(4) 的左式相加

$= \overline{AP_{AB}} + \overline{BP_{AB}} + \overline{CP_{CD}} + \overline{DP_{CD}} = \overline{AB} + \overline{CD}$

(1)~(4) 的右式相加

$= \overline{AP_{DA}} + \overline{BP_{BC}} + \overline{CP_{BC}} + \overline{DP_{DA}} = \overline{BC} + \overline{DA}$

左式=右式 可推得 $\overline{AB} + \overline{CD} = \overline{BC} + \overline{DA}$ □

5.1.7. 兩圓的內公切線段長

敘述：設圓 C_1 與圓 C_2 外離，圓心分別為 O_1 與 O_2、半徑分別為 r_1 與 r_2，

則兩圓的內公切線段長為

$$\overline{P_1P_2} = \sqrt{\overline{O_1O_2}^2 - (r_1 + r_2)^2} \text{。}$$

證明：

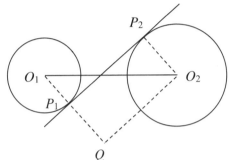

延伸 $\overrightarrow{O_1P_1}$ 成直線 $\overleftrightarrow{O_1P_1}$，

過 O_2 作直線 $//\overline{P_1P_2}$，兩線交於 Q，

因為 $\overline{O_2Q}//\overline{P_1P_2}$，所以

$\angle Q = \angle P_2P_1O_1 = 90^\circ$ (5.1.4.、3.1.1.)

又在四邊形 $P_1P_2O_2Q$ 中，$\angle P_1 = 90^\circ$、$\angle P_2 = 90^\circ$ (5.1.4.)

得 $P_1P_2O_2Q$ 為矩形。因此 $\overline{P_1P_2} = \overline{O_2Q}$、$\overline{P_1Q} = \overline{O_2P_2} = r_2$ (3.2.7.、3.2.1.)

在 $\triangle O_1O_2Q$ 中，1.1.1.畢氏定理 $\overline{P_1P_2} = \overline{O_2Q} = \sqrt{\overline{O_1O_2}^2 - (r_1 + r_2)^2}$ □

5.1.8. 兩圓的外公切線段長

敘述：設圓 C_1 與圓 C_2 外離，圓心分別為 O_1 與 O_2、半徑分別為 r_1 與 r_2，

則兩圓的外公切線段長為

$$\overline{P_1P_2} = \sqrt{\overline{O_1O_2}^2 - (r_1 - r_2)^2} \text{。}$$

證明：

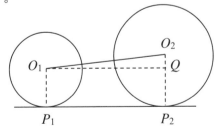

不失一般性，設 $r_1 \leq r_2$，

過 O_2 作直線 $//\overline{P_1P_2}$，交 $\overline{O_2P_2}$ 於 Q。

類似 5.1.7.的證明，可知道

在四邊形 $P_1P_2QO_1$ 中 $\angle Q = 90^\circ$ 且四邊形 $P_1P_2QO_1$ 為矩形，

在 $\triangle O_1O_2Q$ 中，由畢氏定理得 $\overline{P_1P_2} = \overline{O_1Q} = \sqrt{\overline{O_1O_2}^2 - |r_1 - r_2|^2}$ □

第二節　圓與角度

定義：弧的度數為所對圓心角的度數。

在此我們介紹一個符號「⇒」，假定 $\mathbb{P}$ 和 $\mathbb{Q}$ 是兩個敘述，「若 $\mathbb{P}$ 則 $\mathbb{Q}$」記作「$\mathbb{P} \Rightarrow \mathbb{Q}$」，表示 $\mathbb{P}$ 蘊含 $\mathbb{Q}$，也就是 $\mathbb{P}$ 成立的話 $\mathbb{Q}$ 也會成立，可以從 $\mathbb{P}$ 推導出 $\mathbb{Q}$。「$\mathbb{P}$ 若且唯若 $\mathbb{Q}$」記作「$\mathbb{P} \Leftrightarrow \mathbb{Q}$」，表示 $\mathbb{P}$ 或 $\mathbb{Q}$ 其中一者成立的話另一者也會成立。

5.2.1. 圓心角：等弧與等弦

命題：圓上等弧對等弦、等弦對等弧

敘述：在設 A、B、C、D 為圓 O 上四點，則

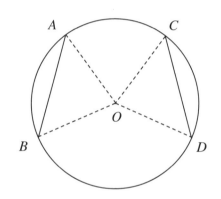

1. 若 $\overset{\frown}{AB} = \overset{\frown}{CD}$ 則 $\overline{AB} = \overline{CD}$

2. 若 $\overline{AB} = \overline{CD}$ 則 $\overset{\frown}{AB} = \overset{\frown}{CD}$。

證明：

1. $\overset{\frown}{AB} = \overset{\frown}{CD} \Rightarrow \angle AOB = \angle COD$

在 $\triangle AOB$ 與 $\triangle COD$ 中，

(1) $\angle AOB = \angle COD$　(2) $\overline{AO} = \overline{CO}$ (圓半徑)　(3) $\overline{BO} = \overline{DO}$ (圓半徑)

所以 $\triangle AOB \cong \triangle COD$ (SAS 全等性質)，從而 $\overline{AB} = \overline{CD}$ (對應邊相等)

2. 已知 $\overline{AB} = \overline{CD}$

在 $\triangle AOB$ 與 $\triangle COD$ 中，

(1) $\overline{AB} = \overline{CD}$　(2) $\overline{AO} = \overline{CO}$ (圓半徑)　(3) $\overline{BO} = \overline{DO}$ (圓半徑)，

所以 $\triangle AOB \cong \triangle COD$ (SSS 全等性質)

從而 $\angle AOB = \angle COD$ (對應角相等) $\Rightarrow \overset{\frown}{AB} = \overset{\frown}{CD}$

因此我們可以總結得到 $\overset{\frown}{AB} = \overset{\frown}{CD} \Leftrightarrow \overline{AB} = \overline{CD}$　□

5.2.2. 圓周角

命題：圓周角的度數為所對弧的一半

敘述：設 A、B、P 在圓 O 上，則 $\angle APB = \frac{1}{2}\overset{\frown}{AB}$。

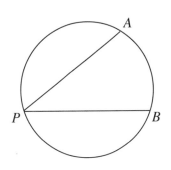

證明：

由於弧的度數的定義為所對圓心角的度數，

故僅須證明 $\angle APB = \frac{1}{2}\angle AOB$。

點 O 可能在 $\triangle APB$ 的邊上、內部、或外部，故分三種狀況討論：

1.　　　　　　　　2.　　　　　　　　3.

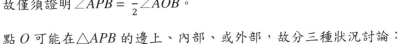

1. $\angle AOB = \angle APB + \angle PAO$（2.1.3. 外角定理）

$\overline{AO} = \overline{OP} \Rightarrow \angle APB = \angle PAO$（2.2.1.）整理得 $\angle P = \angle APB = \frac{1}{2}\angle AOB = \frac{1}{2}\overset{\frown}{AB}$。

2. 設 $\overleftrightarrow{OP}$ 交圓 O 於 P、Q，

由 1 可知 $\angle APQ = \frac{1}{2}\overset{\frown}{AQ}$ 且 $\angle QPB = \frac{1}{2}\overset{\frown}{QB}$，

整理得 $\angle APB = \angle APQ + \angle QPB = \frac{1}{2}\overset{\frown}{AQ} + \frac{1}{2}\overset{\frown}{QB} = \frac{1}{2}\left(\overset{\frown}{AQ} + \overset{\frown}{QB}\right) = \frac{1}{2}\overset{\frown}{AB}$。

3. 設 $\overleftrightarrow{OP}$ 交圓 O 於 P、Q，

由 1 可知 $\angle APQ = \frac{1}{2}\overset{\frown}{AQ}$ 且 $\angle BPQ = \frac{1}{2}\overset{\frown}{BQ}$，

整理得 $\angle APB = \angle APQ - \angle BPQ = \frac{1}{2}\overset{\frown}{AQ} - \frac{1}{2}\overset{\frown}{BQ} = \frac{1}{2}\left(\overset{\frown}{AQ} - \overset{\frown}{BQ}\right) = \frac{1}{2}\overset{\frown}{AB}$　　$\square$

特別地，若 $\overset{\frown}{AB}$ 恰為半圓，即 $\overline{AB}$ 恰為直徑，則 $\angle APB$ 為直角，反之亦然。

5.2.3. 平行線截等弧

命題：兩條平行線將一圓截出兩段等弧

敘述：設 A、B、C、D 在圓 O 上，且 $\overline{AC}//\overline{BD}$，則 $\overset{\frown}{AB} = \overset{\frown}{CD}$。

證明：

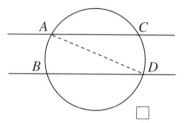

作 $\overline{AD}$，因為 $\overline{AC}//\overline{BD}$

由 3.1.2. 得 $\angle ADB = \angle DAC$（內錯角相等）

由 5.2.2. 得 $\overset{\frown}{AB} = 2\angle ADB = 2\angle DAC = \overset{\frown}{CD}$ □

5.2.4. 過圓外一點作圓的切線

命題：過圓外一點可作圓的切線

敘述：已知圓 C 及其圓心 O、圓外一點 P，求過 P 作圓 C 的切線。

作法：

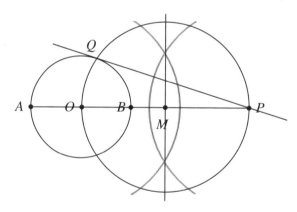

1. 作 $\overline{OP}$，作 $\overline{OP}$ 的中點 M （1.2.3.）

2. 以 M 為圓心，$\overline{OM}$ 為半徑作圓，交圓 O 於 Q

3. 連接 $\overleftrightarrow{PQ}$，則 $\overleftrightarrow{PQ}$ 即為所求。（為什麼？提示：5.1.4、5.2.2） ■

從上面圖形中，可觀察到點 P 和圓 C 上的動點 R，它們的距離 $\overline{PR}$ 的最大值、最小值恰分別發生在 P 和圓心 O 的連線 $\overleftrightarrow{OP}$ 和圓 C 的交點 A, B 上，你能用 2.3.1 來說明嗎？如果 P 在 C 上或 C 內，又如何呢？你能結合 2.3.1 和 2.3.2 來說明嗎？

5.2.5. 圓內接四邊形

命題：圓內接四邊形的對角互補

敘述：四邊形 $ABCD$ 為圓內接四邊形，則 $\angle A + \angle C = \angle B + \angle D = 180°$。

證明：

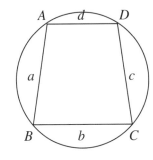

由於圓周所對的圓心角為 $360°$

故 $\overset{\frown}{AB} + \overset{\frown}{BC} + \overset{\frown}{CD} + \overset{\frown}{DA} = 360°$

由 5.2.2. 得

$$\angle A + \angle C = \frac{\overset{\frown}{BC} + \overset{\frown}{CD}}{2} + \frac{\overset{\frown}{DA} + \overset{\frown}{AB}}{2} = 180°$$

同理，有 $\angle B + \angle D = 180°$ □

仔細觀察 5.1.6. 圓外切四邊形與 5.2.5. 圓內接四邊形這兩個命題，讓人感覺有些類似，5.1.6.是兩組對邊相加相等，而 5.2.5.是兩組對角相加相等（由於四邊形內角和為 $360°$，故皆等於 $180°$），比較之下更覺趣味橫生！

固定四邊形的四個邊長，仍可將對角線 $\overline{AC}$ 伸縮而得到不同的四邊形，直到某一瞬間，此四邊形的對角互補，為圓內接四邊形，此時有唯一的對角線長與面積。

事實上，在圓內接四邊形 $ABCD$ 中，設 $\overline{AB} = a$、$\overline{BC} = b$、$\overline{CD} = c$、$\overline{DA} = d$，對角線 $\overline{AC} = e$、$\overline{BD} = f$，對角線長度為

$$e = \sqrt{\frac{(ac+bd)(ad+bc)}{ab+cd}} \text{、} f = \sqrt{\frac{(ac+bd)(ab+cd)}{ad+bc}} \text{。}$$

重要的是可兩者相乘得到 $ef = ac + bd$，稱為**托勒密定理**。另外，$ABCD$ 的面積為

$$\sqrt{(s-a)(s-b)(s-c)(s-d)}$$

其中 $s = \frac{a+b+c}{2}$ 為半周長，此公式稱為**婆羅摩笈多公式**，是不是和海龍公式有點像呢？

5.2.6. 圓內角

命題：圓內角的度數為所對弧之和的一半

敘述：設 A、B、C、D 在圓 O 上，且 $\overline{AC}$ 與 $\overline{BD}$ 的交點為 P 在圓內，則

$$\angle APB = \frac{\overparen{AB} + \overparen{CD}}{2} \text{。}$$

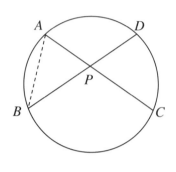

證明：

$$\angle APB = 180° - \angle PAB - \angle PBA$$

$$= 180° - \frac{\overparen{BC}}{2} - \frac{\overparen{DA}}{2} = \frac{360° - \overparen{BC} - \overparen{DA}}{2}$$

$$= \frac{\overparen{AB} + \overparen{CD}}{2}$$

$\square$

事實上，<u>5.2.6.</u> 也可以作 $\overline{BC}$ 或 $\overline{DA}$ 當輔助線，接著綜合 <u>2.1.3.</u>和 <u>5.2.2.</u>，同樣可以證明，而此種證明方法更為簡潔，你覺得呢？

在 <u>5.2.6.</u> 的圖中，可以 P 為旋轉中心將 $\overline{AC}$ 逆時針旋轉，或者以 P 為旋轉中心將 $\overline{BD}$ 順時針旋轉，使得圓心 O 和 P 的連線段恰為弦心距，由 <u>5.1.1.</u>可知此時 $\overline{OP}$ 垂直平分此弦 $\overline{EF}$，即 P 為 $\overline{EF}$ 的中點。設 $\overline{EF}$ 分別交 $\overline{AB}$、$\overline{CD}$ 於 X、Y，更重要的是 P 亦為 $\overline{XY}$ 的中點，你能運用對頂角、相似形、<u>5.2.2. 圓周角</u>等概念來證明嗎？

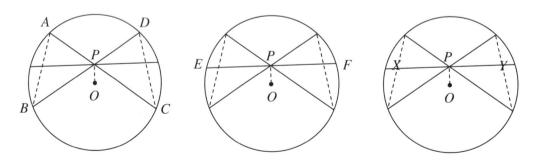

啊！你看上面那個**定理**，像不像**蝴蝶**展翅、翩翩飛舞？

5.2.7. 圓外角

命題：圓外角的度數為所對弧之差的一半

敘述：設 A、B、C、D 在圓 O 上，且 $\overline{AC}$ 與 $\overline{BD}$ 的交點為 P 在圓外，則

$$\angle APB = \frac{\overset{\frown}{AB} - \overset{\frown}{CD}}{2} \text{。}$$

證明：

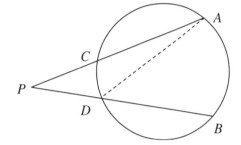

考慮 $\triangle ADP$，由 2.1.3. 外角定理，

得 $\angle APB = \angle ADB - \angle CAD$

$$= \frac{\overset{\frown}{AB}}{2} - \frac{\overset{\frown}{CD}}{2} = \frac{\overset{\frown}{AB} - \overset{\frown}{CD}}{2}$$

□

5.2.8. 弦切角

命題：弦切角的度數為所對弧的一半

敘述：設 A 在圓 O 上，$\overleftrightarrow{PQ}$ 切圓 O 於 P，則

$$\angle APQ = \frac{\overset{\frown}{AP}}{2} \text{。}$$

證明：

由 2.1.1.和 2.2.1.，得 $\angle APO = \frac{1}{2}(180º - \angle AOP)$

由 5.1.4.，得 $\angle APQ = 90º - \angle APO = \frac{1}{2}\angle AOP = \frac{1}{2}\overset{\frown}{AP}$ □

在 5.2.6.、5.2.7.、5.2.8.是討論角度的特性，某種程度上，可視圓內角、圓外角為弧度的平均。下一節，我們將討論在兩條弦相交之後，線段長度的特性。

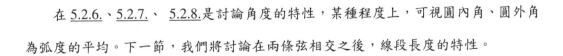

第三節　圓冪性質

「圓冪性質」這個主題，和上一節所提到的弦切角等，以及本章最初提到兩圓關係、公切線段長等，隨著時代而在國中數學教育中弱化了。程度較佳者，這些主題著實可以吸收學習，並且建議嘗試證明，儘管日後忘記，也能夠很快地發現有相似形的關係，從而推導出來。數學的奧妙之處在於由簡馭繁，學得越多所需記得越少。

那麼為何要學習圓冪性質呢？我想可能是為了感受「不變量」的概念：給定平面上一點，通過該點的直線和圓的交點到該點距離乘積，不會因直線的改變而改變。更深入地來說，若設 $\overline{OP}=x$，則可以定義**圓冪函數** $f(x)=(x+r)(x-r)=x^2-r^2$，考慮通過圓心的直線，可得乘積恰為 $|f(x)|$。

5.3.1. 內冪性質

命題：過圓內一點的直線和圓交於兩點，

此兩點和圓內點的距離乘積取決於圓內點和圓心的距離

敘述：過圓 O 內部一點 P 的兩條割線與圓 O 交 A、B 兩點與 C、D 兩點，則
$$\overline{PA}\times\overline{PB}=\overline{PC}\times\overline{PD}。$$

證明：

在 $\triangle APD$ 與 $\triangle CPB$ 中

(1) $\angle APD=\angle CPB$（對頂角）

(2) $\angle DAP=\angle BCP$（$\overparen{BD}$ 的圓周角）

所以 $\triangle APD \sim \triangle CPB$（AA）

於是 $\overline{PA}:\overline{PC}=\overline{PD}:\overline{PB}$

內項乘積 = 外項乘積 得 $\overline{PA}\times\overline{PB}=\overline{PC}\times\overline{PD}$ ☐

上面的 5.3.1.和下面的 5.3.2.，證明策略相同，僅有其中的 (1) 不同。

5.3.2. 外冪性質

命題：過圓外一點的直線若和圓交於兩點，

此兩點和圓外點的距離乘積取決於圓外點和圓心的距離

敘述：過圓 O 外部一點 P 的兩條割線與圓 O 交 A、B 兩點與 C、D 兩點，則

$$\overline{PA} \times \overline{PB} = \overline{PC} \times \overline{PD}。$$

證明：

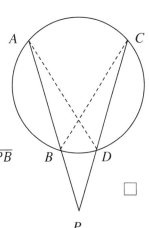

在△APD 與△CPB 中

(1)　$\angle P = \angle P$（共用角）

(2)　$\angle DAP = \angle BCP$（$\overset{\frown}{BD}$的圓周角）

所以△$APD \sim$△CPB（AA），於是 $\overline{PA} : \overline{PC} = \overline{PD} : \overline{PB}$

內項乘積 = 外項乘積 得 $\overline{PA} \times \overline{PB} = \overline{PC} \times \overline{PD}$　□

5.3.3. 切割線性質

命題：過圓外一點的直線若和圓交於兩點，

此兩點和圓外點的距離乘積等於過此圓外點切線段長的平方

敘述：過圓 O 外部一點 P 的一條割線交 A、B，一條切線切圓 O 於 C，則

$$\overline{PA} \times \overline{PB} = \overline{PC}^2。$$

證明：

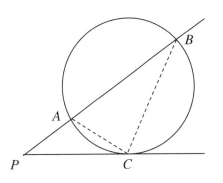

在△APC 與△CPB 中

(1)　$\angle P = \angle P$（共用角）

(2)　$\angle ACP = \angle CBP$

（弦切角與圓周角皆為所對弧$\overset{\frown}{AC}$的一半）

所以△$APC \sim$△CPB（AA），

於是 $\overline{PA} : \overline{PC} = \overline{PC} : \overline{PB}$，得 $\overline{PA} \times \overline{PB} = \overline{PC}^2$　□

在介紹完角度與圓冪性質之後，現在來思考一下所謂的連續的變動。在 <u>5.2.2.</u> 與 <u>5.2.8.</u> 中，提到了圓周角與弦切角皆為所對弧的一半，如果我們這樣看：

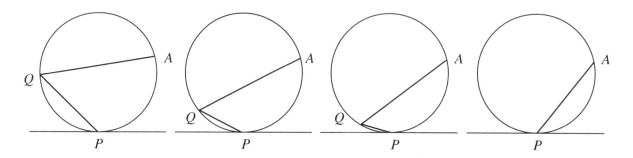

如果我們移動 Q，讓它慢慢地靠近 P，就會發現 $\overline{PQ}$ 慢慢地貼近那條切線，所以弦切角其實可以看成是圓周角的一種邊界狀態。同樣的，如果移動 $\overleftrightarrow{PC}$，使其變成圓的切線，即 C、D 重合的話，切割線性質也能夠看成是外冪性質的邊界狀態：

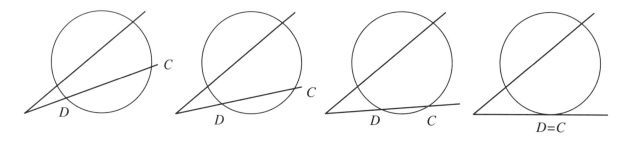

外冪性質：$\overline{PA} \times \overline{PB} = \overline{PC} \times \overline{PD}$，若 $D = C$，則有 切割線性質：$\overline{PA} \times \overline{PB} = \overline{PC}^2$

接下來，我們來看一下內冪性質，我們已經證明了只要給定圓內一點 P，至圓上兩段距離乘積恆為定值，假設圓半徑 r、$\overline{OP} = x$，如果考慮下面的兩種狀況：

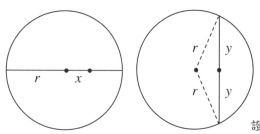

左圖得乘積為 $(r-x)(r+x) = r^2 - x^2$

右圖得乘積為 y^2，於是 $r^2 - x^2 = y^2$

畢氏定理！用相似形證明圓冪性質，再證畢氏定理，和 <u>1.1.1.</u> 面積方法互別苗頭。

第六章

平面與立體幾何

第一節　常用的定理

6.1.1. 畢達哥拉斯逆定理

命題：若三角形的兩邊平方和等於另一邊的平方，則該三角形為直角三角形

敘述：在△ABC 中，若∠A、∠B、∠C 的對邊長分別為 a、b、c 滿足

$$a^2 + b^2 = c^2 \text{，}$$

則∠C = 90°。

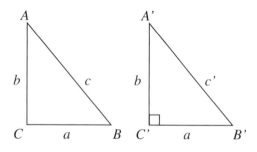

證明：

使用全等性質來證明。

在直角△A'B'C'中，設∠C' = 90°，

且∠A'、∠B'、∠C'的對邊長分別為 a、b、c'。

由 1.1.1. 畢達哥拉斯定理可知

$$c'^2 = a^2 + b^2 = c^2$$

於是 $c' = c$，可知△A'B'C'與△ABC 三邊長對應相等，

即△A'B'C'≅△ABC (SSS)

故∠C = ∠C' = 90°（對應角相等）　　　　　　□

在此處我們不能使用 2.3.8. 逆樞紐定理來證明，因為當時沒有證明該定理成立，不過 2.3.7. 樞紐定理卻給我們一個很大的啟發：固定 a 和 b，當角度張得越大對到的邊就越大，而當角度 90° 時恰巧對到的 c 滿足 $c^2 = a^2 + b^2$，所以，若角度比 90° 還要小的時候，所對到的 c' 應該會滿足 $c'^2 < a^2 + b^2$；比 90° 還要大的時候，所對到的 c'' 應該會滿足 $c''^2 > a^2 + b^2$。關於這點，會於日後學習**餘弦定律**時來驗證這件事。

6.1.2. 等差數列邊長的直角三角形

命題：若直角三角形的邊長為等差數列，則邊長比例為 $3:4:5$

敘述：在 $\triangle ABC$ 中，設 $\angle C = 90^\circ$，若 $\angle A$、$\angle B$、$\angle C$ 的對邊長成等差數列，

假設分別為 a、b、c，其中 $a < b < c$，則 $a:b:c = 3:4:5$。

說明：如果尚未給出 a、b、c 的大小順序，可以透過 $\angle C = 90^\circ$ 為最大角，

由 2.3.4. 可知道對應邊 c 為最大邊，而不失一般性地假設 $a < b < c$。

證明：

由於邊長為等差數列，可設 $a = b - d$、$c = b + d$，

由 1.1.1. 畢氏定理有 $a^2 + b^2 = c^2$，代入得 $(b - d)^2 + b^2 = (b + d)^2$

展開得 $b^2 - 2bd + d^2 + b^2 = b^2 + 2bd + d^2$

整理得 $b^2 = 4bd$ 即 $b = 4d$ 於是 $a = b - d = 3d$、$c = b + d = 5d$，

$\triangle ABC$ 的三邊比例為 $a:b:c = a:b:c = 3d:4d:5d = 3:4:5$ □

6.1.3. 三角形內部點與角度

命題：三角形的內部點所成的角度較大

敘述：設 A' 在 $\triangle ABC$ 的內部，則 $\angle BAC < \angle BA'C$。

證明：

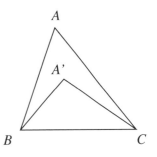

作 $\overleftrightarrow{AA'}$，由 2.1.3. 外角定理得知

$\angle 2 = \angle 1 + \angle ABA' > \angle 1$

$\angle 4 = \angle 3 + \angle ACA' > \angle 3$

於是 $\angle BA'C = \angle 2 + \angle 4 > \angle 1 + \angle 3 > \angle BAC$

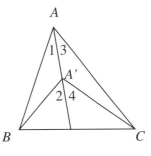

□

6.1.4. 內分比性質

命題：三角形的角平分線與其對邊的交點，將對邊按照側邊比例截成兩段

敘述：在△ABC 中，∠A 的角平分線交 $\overline{BC}$ 於D，則 $\overline{AB}:\overline{AC}=\overline{DB}:\overline{DC}$

證明：

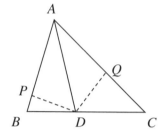

設 D 在 $\overline{AB}$、$\overline{AC}$ 的垂足分別為 P、Q

由 <u>2.2.5. 角平分線性質</u>得知 $\overline{DP}=\overline{DQ}$

由 <u>4.1.1. 等高三角形的面積比</u> 得知

$$\overline{AB}:\overline{AC}=\triangle ABD:\triangle ACD=\overline{DB}:\overline{DC}$$

所以 $\overline{AB}:\overline{AC}=\overline{DB}:\overline{DC}$ □

在上面的性質中，若 $\overline{AB}\neq\overline{AC}$，則∠A 的外角平分線會交 $\overleftrightarrow{BC}$ 於 $\overline{AB}$、$\overline{AC}$ 中長度較短的那一側，如下圖，它會交於 C 往 B 方向的延長線上，假設∠A 的外角平分線交 $\overleftrightarrow{BC}$ 於 E，類似於上面的性質，會有 $\overline{AB}:\overline{AC}=\overline{EB}:\overline{EC}$，稱為「外分比性質」，你能作 E 到兩邊延長線的垂足，而後仿照上面的脈絡，自行完成證明嗎？

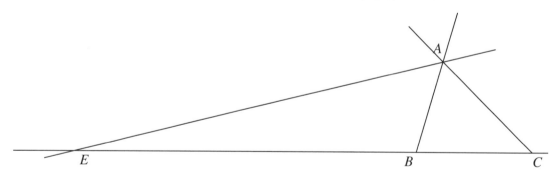

古典幾何在證明的部分，通常會採用全等性質、相似形、面積等策略，又或者畫出輔助線來增加條件提供證明的方向，這些證明的邏輯與脈絡是需要學習的，身分再高貴的人也找不到幾何的皇家大道。一直到三角幾何、坐標幾何、向量幾何出現後，才開創了幾何新的一章。

第二節　　三角形的心

<u>6.2.1. 外心定理</u>

命題：三角形的三條中垂線交於一點

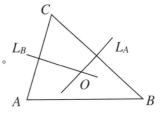

敘述：在△ABC 中，設 $\overline{AB}$、$\overline{BC}$、$\overline{CA}$ 的中垂線

分別為 L_C、L_A、L_B，則 L_C、L_A、L_B 三線共點。

證明：

設 L_A、L_B 的交點為 O，

若能證明 O 在 $\overline{AB}$ 的中垂線 L_C 上，

則可知 L_C、L_A、L_B 皆通過 O，於是三線共點。

因為 O 在 L_A 上 (<u>2.2.3.</u>)，所以 $\overline{BO} = \overline{CO}$

因為 O 在 L_B 上 (<u>2.2.3.</u>)，所以 $\overline{AO} = \overline{CO}$

於是 $\overline{AO} = \overline{CO} = \overline{BO}$，由 <u>2.2.4.</u>，可知 O 在 L_C 上　　□

這個定理中，使用了兩次 <u>2.2.3. 中垂線性質</u>、一次 <u>2.2.4. 中垂線判別性質</u>，讀者由此可見得數學的連貫性與順序性；稍後，在 <u>6.2.4. 內心定理</u> 的證明方法也使用 <u>2.2.5. 角平分線性質</u> 與 <u>2.2.6. 角平分線判別性質</u>。

<u>6.2.2. 外心：外接圓圓心</u>

命題：三中垂線的交點到三頂點的距離相等

敘述：在△ABC 中，設 O 為 $\overline{AB}$、$\overline{BC}$、$\overline{CA}$ 的中垂線交點，則

$$\overline{AO} = \overline{BO} = \overline{CO}。$$

證明：

由 <u>6.2.1.</u> 的證明即可得 $\overline{AO} = \overline{BO} = \overline{CO}$　　□

於是三條中垂線的交點為外接圓圓心，簡稱外心。當然，三中垂線的交點到各頂點的距離相等。若某一點到各頂點的距離相等則由 <u>2.2.4. 中垂線判別性質</u>可知該點必在三條中垂線，即到各頂點距離相等的點必為外心，於是外心唯一存在。

<u>6.2.3. 直角三角形的外心性質</u>

命題：直角三角形的外心在斜邊中點上

敘述：在直角$\triangle ABC$ 中，設$\angle C = 90^\circ$，$\overline{AB}$ 的中點為M_C，則 M_C為外心。

證明：

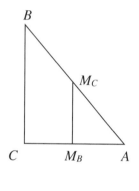

設 $\overline{AC}$ 的中點為M_B，作 $\overline{M_B M_C}$

因為 $\overline{AM_C}:\overline{BM_C} = 1:1 = \overline{AM_B}:\overline{CM_B}$，

故可由 <u>4.1.4.</u> 知 $\overline{M_B M_C}//\overline{BC}$

接著由 <u>3.1.1.</u> 知 $\angle AM_B M_C = \angle C = 90^\circ$

又 M_B 為 $\overline{AC}$ 中點，故 $\overleftrightarrow{M_B M_C}$ 為 $\overline{CA}$ 的中垂線

於是，M_C 在 $\overline{CA}$ 的中垂線上，

而 M_C 是 $\overline{AB}$ 的中點，在 $\overline{AB}$ 的中垂線上，

由 <u>6.2.1.</u>可知 M_C 必然是三中垂線的交點，即 M_C為外心 □

這個定理是直接從定義出發的證明，經常需要用到以前學過的知識。在證明中，也可以用同樣的方法確認M_C在 $\overline{BC}$ 的中垂線上。這個定理其實可以試著以 $\overline{CM_C} = \overline{AM_C}$ 的策略來證明，此種方式更為簡單，讀者不妨試試。為了感受到整個證明脈絡的順序性，引用了各章的一些定理，從中體會數學的廣博與相互連結性。

6.2.4. 內心定理

命題：三角形的三條角平分線交於一點

敘述：在△ABC 中，設∠A、∠B、∠C 的角平分線

分別為 L_A、L_B、L_C，則 L_A、L_B、L_C 三線共點。

證明：

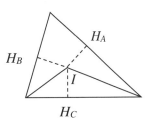

設 H_A、H_B、H_C 分別為 A、B、C 到對邊的垂足。

設 L_A、L_B 的交點為 I，

若能證明 I 在∠C 的角平分線 L_C 上，

則可知 L_A、L_B、L_C 皆通過 I，於是三線共點。

因為 I 在 L_A 上 (2.2.5.)，所以 $\overline{IH_B} = \overline{IH_C}$

因為 I 在 L_B 上 (2.2.5.)，所以 $\overline{IH_A} = \overline{IH_C}$

於是 $\overline{IH_A} = \overline{IH_C} = \overline{IH_B}$，由 2.2.6.，可知 I 在 L_C 上 □

6.2.5. 內心：內切圓圓心

命題：內心為內切圓的圓心，即內心到三邊的距離相等

敘述：在△ABC 中，設 I 為∠A、∠B、∠C 的角平分線的交點，

且設 H_A、H_B、H_C 分別為 A、B、C 到對邊的垂足，則

$$\overline{IH_A} = \overline{IH_B} = \overline{IH_C}。$$

證明：

由 6.2.4. 的證明即可得 $\overline{IH_A} = \overline{IH_B} = \overline{IH_C}$ □

於是三條角平分線的交點為內切圓圓心，簡稱內心，內心到三邊的距離相等。若平面上某個點到三角形三邊的距離相等的話，由 2.2.6. 角平分線判別性質可知這點是三條角平分線的交點，即為內心，於是內心唯一存在。

6.2.6. 直角三角形的內心性質

命題：直角三角形的內切圓直徑為兩股和減去斜邊長

敘述：在直角 $\triangle ABC$ 中，設 $\angle C = 90^\circ$，$\angle A$、$\angle B$、$\angle C$ 的對邊長分別為

a、b、c，內切圓半徑長為 r，則

$$r = \frac{a+b-c}{2} \text{。}$$

證明：

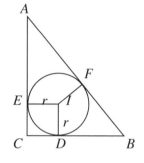

作 $\triangle ABC$ 的內切圓，內心為 I

分別切 $\overline{BC}$、$\overline{CA}$、$\overline{AB}$ 於 D、E、F。

1. 由 5.1.4. 圓的切線性質知 $\angle IEC = \angle IDC = 90^\circ$

又 $\angle C = 90^\circ$、$\overline{IE} = \overline{ID} = r$，故 $IECD$ 為正方形

$$\overline{EC} = \overline{CD} = r$$

2. 由 5.1.5. 圓外一點至圓的兩切線性質知

$$\overline{AE} = \overline{AF} \text{、} \overline{BD} = \overline{BF}$$

綜合兩者可得 $a + b = (\overline{EC} + \overline{AE}) + (\overline{CD} + \overline{BD}) = r + \overline{AF} + r + \overline{BF}$

$$= 2r + \overline{AF} + \overline{BF} = 2r + \overline{AB} = 2r + c$$

移項解 r 得

$$r = \frac{a+b-c}{2} \qquad \qquad \square$$

　　剛才的 6.2.1. 外心定理、6.2.4. 內心定理與接下來的 6.2.7. 重心定理，是為了要證明外心、內心、重心的存在性。在數學的證明中，存在性是相當重要的一件事。如果讀者細細品味，就會發現三條中垂線交於一點、三條角平分線交於一點、三條中線交於一點是多麼神奇的事。下面的 6.2.7. 重心定理，會透過相似形，驗證 $\overline{AM_A}$、$\overline{BM_B}$ 的交點 G_{AB} 與 $\overline{AM_A}$、$\overline{CM_C}$ 的交點 G_{AC} 其實是同一點。

6.2.7. 重心定理

命題：三角形的三條中線交於一點。

敘述：在△ABC 中，設 M_A、M_B、M_C 分別為 $\overline{BC}$、$\overline{CA}$、$\overline{AB}$ 的中點，

則 $\overline{AM_A}$、$\overline{BM_B}$、$\overline{CM_C}$ 三線共點。

證明：

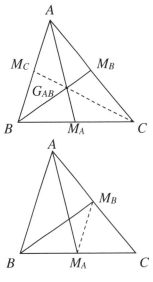

作 $\overline{M_AM_B}$，由 4.1.4. 比例線段

與 3.1.2. 內錯角相等可得 $\angle BAM_A = \angle M_BM_AA$

又 $\angle AG_{AB}B = \angle M_AG_{AB}M_B$（對頂角相等）

得 $\triangle AG_{AB}B \sim \triangle M_AG_{AB}M_B$（AA 相似）

由 4.1.5. 可知 $\overline{AG_{AB}} : \overline{G_{AB}M_A} = \overline{AB} : \overline{M_AM_B} = 2:1$

亦即 G_{AB} 在 $\overline{AM_A}$ 上且滿足 $\overline{AG_{AB}} : \overline{G_{AB}M_A} = 2:1$

同理，G_{AC} 在 $\overline{AM_A}$ 上且滿足 $\overline{AG_{AC}} : \overline{G_{AC}M_A} = 2:1$

又滿足 $\overline{AP} : \overline{PM_A} = 2:1$ 的內分點只有一個，故可得 $G_{AB} = G_{AC}$ □

事實上，上面的定理還有一個更為簡便的方法，乃是透過面積來說明，僅須說明 $\triangle ABG_{AB} = \triangle ACG_{AB}$ 且 $\triangle ABG_{AB} = \triangle BCG_{AB}$，便能得到 $\triangle ACG_{AB} = \triangle BCG_{AB}$，這兩個三角形的底分別為 $\overline{AM_C}$ 與 $\overline{BM_C}$，從而 M_C 為中點。

6.2.8. 重心與面積

命題：三角形的三條中線將此三角形六等分。

敘述：三條中線分割三角形面積 $U = V = W = X = Y = Z$

證明：

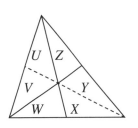

由 4.1.1.與 6.2.7.的證明可知 $(U + V) : W = 2:1$

又由同底乘以同高得 $U = V$，綜合而得 $U = V = W$

同理，$W = X = Y$、$Y = Z = U$，整理得 $U = V = W = X = Y = Z$ □

第三節　扇形與圓錐

6.3.1. 扇形的面積

命題：扇形面積為圓面積乘上圓心角與周角的比值

敘述：設扇形的半徑為 r、所對圓心角為 θ，則扇形面積為

$$A = \pi r^2 \times \frac{\theta}{360°}$$

證明：

由於扇形面積 A 所占圓面積 πr^2 的比例，

等同圓心角為占整個周角(360°)的比例，可得

$$\frac{A}{\pi r^2} = \frac{\theta}{360°}$$

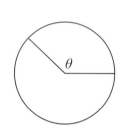

將 πr^2 移項即得證　　　　　　　　　□

類似地，可以知道圓心角 θ 所對弧長為 $s = 2\pi r \times \frac{\theta}{360°}$。

6.3.2. 圓錐的表面積

命題：圓錐(不含底部)的表面積為 圓周率 × 底部圓半徑 × 斜邊長

敘述：設圓錐的底部圓半徑為 r、高為 h，則圓錐側表面積(不含底部)為

$$A = \pi r \sqrt{h^2 + r^2}。$$

證明：

由 1.1.1.畢氏定理可知圓錐上的斜邊 $R = \sqrt{h^2 + r^2}$

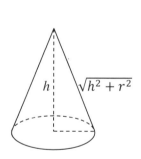

將該圓錐的表面積展開後，可得一扇形：

半徑為 R、周長為 $2\pi r$

於是圓錐表面積 ＝ 扇形面積

$$= \pi R^2 \times \frac{\theta}{360°} = \pi R^2 \times \frac{2\pi r}{2\pi R} = \pi r \sqrt{h^2 + r^2}$$

　　　　□

上面圓錐的頂點在底面的投影恰為圓心，因此又被稱為直圓錐，它的展開圖由一扇形與其底面的圓組成。若將底面換成正 n 邊形、側面換成等腰三角形，則稱為正角錐，其頂點在底面的投影恰好會在正 n 邊形的中心，展開圖由一正 n 邊形與 n 個等腰三角形組成。特別地，底面、側面皆為正三角形的角錐稱為正四面體，它有四個面，而每一面皆為全等的正三角形。

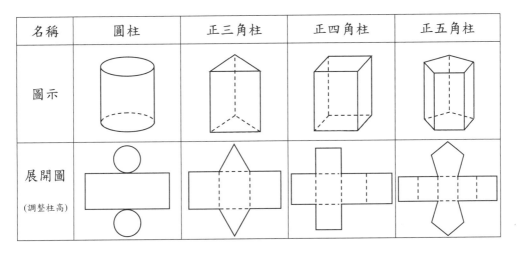

	圓錐	正三角錐	正四角錐	正五角錐
圖示				
展開圖 (調整錐高)				

在介紹完錐體之後，我們接著介紹柱體。柱體具有上下兩平行的底面，可依底面形狀進行分類，若兩底面為相等的圓形，且兩圓圓心連線垂直任一底面，則稱為直圓柱，或簡稱圓柱，若將底面換成正 n 邊形，則稱為正角柱。

名稱	圓柱	正三角柱	正四角柱	正五角柱
圖示				
展開圖 (調整柱高)				

　　底面、側面皆為正三角形的角錐稱為正四面體，而六個面皆為長方形的柱體稱為長方體。設正四面體的四個頂點分別為 A, B, C, D，稜長為 a，整理資訊如左下；又長方體的八個頂點分別 A, B, C, D, E, F, G, H，稜長分別為 a, b, c，整理資訊如右下。

	正四面體	長方體
圖示		
表面積	$\sqrt{3}a^2$	$2(ab + bc + ca)$
體積	$\dfrac{\sqrt{2}}{12}a^3$	abc

　　在正四面體中，任兩平面皆交於一直線，例如平面 ABC 與平面 ABD 交於 $\overleftrightarrow{AB}$。在長方體中，下平面 ABC(或平面 ABD) 和上平面 EFG 不相交，稱平面 ABC 與平面 EFG **平行**；又平面 ABC 和側平面 ADE 不但交於一線 $\overleftrightarrow{AD}$，在兩平面上分別作垂直於 $\overleftrightarrow{AD}$ 的直線 $\overleftrightarrow{AB}$ 與 $\overleftrightarrow{AE}$，$\overleftrightarrow{AB}$ 與 $\overleftrightarrow{AE}$ 亦互相垂直，稱平面 ABC 與平面 ADE 垂直。

　　此外，在正四面體中，$\overleftrightarrow{AB}$ 與 $\overleftrightarrow{AC}$ 交於一點 A；而 $\overleftrightarrow{AB}$ 與 $\overleftrightarrow{CD}$ 卻不相交，不僅如此還找不到能包含這兩條直線的平面，便說 $\overleftrightarrow{AB}$ 與 $\overleftrightarrow{CD}$ **歪斜**。又如長方體中，$\overleftrightarrow{AB}$ 與 $\overleftrightarrow{AD}$ 交於一點 A，同落在平面 ABC 上且夾直角，便說兩者垂直；$\overleftrightarrow{AB}$ 與 $\overleftrightarrow{CD}$ 同落在平面 ABC 上但不相交，稱兩者**平行**；$\overleftrightarrow{AB}$ 與 $\overleftrightarrow{CG}$ 不在同一平面上，稱為歪斜。

　　最後，直線與平面有線在面上、線面平行、交於一點這三種狀況。交於一點時，若此直線和過此交點在平面上的直線皆垂直，則稱直線和平面垂直，此直線稱為平面的法線，如在長方體中，$\overleftrightarrow{AE}$ 為平面 ABC 的法線。於是，由 <u>1.1.1. 畢達哥拉斯定理</u>，可算出對角線長度 $\overline{AG} = \sqrt{a^2 + b^2 + c^2}$。上述的直線與平面都是無限延伸的。

跋

　　寫到了結尾，才發現我已經寫了相當多頁，時間也過了兩個禮拜。其實我原本預計不會有那麼多頁，因為有些證明步驟都是相似的其實可以跳過，但我想既然這本書名字有「大全」兩個字，所以當然是寫得愈詳細愈好。在寫作的過程中，儘管已經是數學系畢業，有些證明還真的會卡住。令我印象最深的就是相似性質的證明，明明很直觀的事物證明起來卻也寫到一頁之長。

　　在校稿的時候我發現我使用的符號還滿詭異的。我很喜歡使用下標，例如 $\overline{AB}$ 的中點我寧可使用 M_{AB} 這種寫法，以便讓讀者了解 M 就是中點 Midpoint，也不要重新給他一個名字叫 P、Q、R、S 這種和意義無關的名稱。其實自己喜歡的符號會給自己很多方便。有些英文字母經常一起使用，通常 A、B、$...$、F 為一組，G、H 為一組，I、J、K 為一組，L、M、N 為一組，O、P、Q、R 為一組，S、T 為一組，U、V、W 為一組，X、Y、Z 為一組，很少一開始設三角形的頂點，會有 $\triangle BKQ$ 這種設法的吧！

　　我記得前些日子，我翻閱我在國中時期的數學筆記時，在最後一頁往往發現很多自己研究的一些想法。在學習指數的那本筆記的最後一頁，出現了我認為 9 的 1/2 次方就是 3 的理由，也在學習幾何的筆記的最後一頁，出現

$$(a+b+c)(a+b-c)(a-b+c)(-a+b+c)$$

這個式子，我忘記當時我是否已經自行推導出**海龍公式**了，但我想這個公式對國中生而言是可以理解的，我們將之放在附錄。

　　祝福讀者學習幾何能找到樂趣，學習愉快！

作者

寫於 2013 年 7 月

參考書目

張海潮、沈貽婷 (2015)。**古代天文學中的幾何方法**。臺北：三民

張海潮 (2013)。**數學放大鏡：暢談高中數學**。臺北：三民

任維勇 (2012)。**觀念數學 1 如何學好中學數學**。臺北：天下文化

翁秉仁(著)、Akibo(繪) (2011)。**沒有王者之路《幾何原本》**。網路與書

蔡坤憲(譯) (2006)。**怎樣解題**(原著：George Pólya)。臺北：天下文化

黃家禮 (2000)。**幾何明珠**。臺北：九章

藍紀正、朱恩寬(譯) (1991)。**歐幾里得幾何原本**。臺北：九章

附錄

　　若三角形的三邊邊長已經給定，則由 SSS 全等性質知道這種三角形是唯一的，既然是唯一的那表示它的面積也是唯一的，便猜測面積可以用三邊長來表示，而這個下文中推導出的面積與邊長的關係式，就稱為**海龍公式(Heron's Formula)**。

敘述：設△ABC 的三邊長為 a、b、c，且 $s = (a+b+c)/2$ 為半周長，則△ABC 的面積

$$\triangle = \sqrt{s(s-a)(s-b)(s-c)}$$

證明：

　　在△ABC 中，不失一般性，假設 $\angle C$ 為最大角，

　　可知 $\angle A$ 和 $\angle B$ 皆為銳角，否則內角和會超過 180°。

　　作 $\overline{CD}$ 垂直 $\overleftrightarrow{AB}$ 於 D，此點 D 必在 $\overline{AB}$ 上。

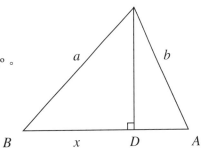

　　如右圖，接著我們分成兩個步驟：

步驟 1. 先驗證 $x = \dfrac{a^2+c^2-b^2}{2c}$

步驟 2. 再推導面積△$= \sqrt{s(s-a)(s-b)(s-c)}$

步驟 1.

由 <u>1.1.1. 畢達哥拉斯定理</u>可得

$$a^2 - x^2 = \overline{CD}^2 = b^2 - (c-x)^2$$

$$a^2 - x^2 = b^2 - c^2 + 2cx - x^2$$

$$a^2 = b^2 - c^2 + 2cx$$

$$x = \frac{a^2 + c^2 - b^2}{2c}$$

步驟 2.

三角形面積為底 c 乘以高 $\sqrt{a^2 - x^2}$ 的一半，即 $\triangle = \frac{1}{2}c\sqrt{a^2 - x^2}$

$$= \frac{1}{2}c\sqrt{a^2 - \left(\frac{a^2 + c^2 - b^2}{2c}\right)^2}$$

$$= \frac{1}{2}c\sqrt{a^2 - \frac{a^4 + b^4 + c^4 + 2a^2c^2 - 2a^2b^2 - 2b^2c^2}{4c^2}}$$

$$= \sqrt{\frac{a^4 + b^4 + c^4 - 2a^2c^2 - 2a^2b^2 - 2b^2c^2}{-16}}$$

$$= \sqrt{\frac{(a^4 - 2a^2b^2 + b^4) - 2c^2(a^2 + b^2) + c^4}{-16}}$$

$$= \sqrt{\frac{c^4 - 2c^2(a^2 + b^2) + (a^2 - b^2)^2}{-16}}$$

$$= \sqrt{\frac{c^4 - c^2((a + b)^2 + (a - b)^2) + (a - b)^2(a + b)^2}{-16}}$$

$$= \sqrt{\frac{(c^2 - (a + b)^2)(c^2 - (a - b)^2)}{-16}}$$

$$= \sqrt{\frac{\left(c - (a + b)\right)\left(c + (a + b)\right)\left(c - (a - b)\right)\left(c + (a - b)\right)}{-16}}$$

$$= \sqrt{\frac{(a + b + c)(a + b - c)(a - b + c)(-a + b + c)}{16}}$$

（令 $2s = a + b + c$）

$$= \sqrt{\frac{2s(2s - 2a)(2s - 2b)(2s - 2c)}{16}}$$

$$= \sqrt{s(s - a)(s - b)(s - c)}$$

□

總覽

屬於你的最後一頁

國家圖書館出版品預行編目資料

國中幾何證明大全／簡廷豐 著. ─二版.─臺中
市：白象文化，2019.6

ISBN 978-986-358-834-4（平裝）

1. 數學教育 2. 幾何 3. 中等教育

524.32   108007281

國中幾何證明大全

作　　　者	簡廷豐
校　　　對	簡廷豐
內頁編排	簡廷豐
專案主編	陳逸儒
出版編印	吳適意、林榮威、林孟侃、陳逸儒、黃麗穎
設計創意	張禮南、何佳諠
經銷推廣	李莉吟、莊博亞、劉育姍、李如玉
經紀企劃	張輝潭、洪怡欣、徐錦淳、黃姿虹
營運管理	林金郎、曾千熏
發 行 人	張輝潭
出版發行	白象文化事業有限公司
	412台中市大里區科技路1號8樓之2（台中軟體園區）
	出版專線：（04）2496-5995　　傳真：（04）2496-9901
	401台中市東區和平街228巷44號（經銷部）
	購書專線：（04）2220-8589　　傳真：（04）2220-8505
印　　　刷	基盛印刷工場
初版一刷	2017 年 8 月
二版一刷	2019 年 6 月
定　　　價	200 元

白象文化　www.ElephantWhite.com.tw　印書小舖 PressStore 出版線上　出版・經銷・宣傳・設計　f 自費出版的領導者　購書 白象文化生活館